U0102054

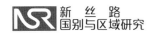
新 丝 路
国别与区域研究

清华大学经济管理学院
中国—拉丁美洲管理研究中心文库

中国企业投资拉美与"一带一路"倡议

陈涛涛 金莹 吴敏 徐润 葛逸旸 龚新宇 著

外语教学与研究出版社
北京

图书在版编目（CIP）数据

中国企业投资拉美与"一带一路"倡议／陈涛涛等著 . —— 北京：外语教学与研究出版社，2022.5

（新丝路国别与区域研究 . 清华大学经济管理学院中国—拉丁美洲管理研究中心文库）

ISBN 978-7-5213-3640-5

Ⅰ . ①中… Ⅱ . ①陈… Ⅲ . ①对外投资 – 直接投资 – 研究 – 中国②外商投资 – 直接投资 – 研究 – 拉丁美洲 Ⅳ . ①F832.6②F837.304.8

中国版本图书馆 CIP 数据核字（2022）第 092835 号

出 版 人　王　芳
责任编辑　刘　荣
责任校对　徐晓丹
装帧设计　水长流文化
出版发行　外语教学与研究出版社
社　　址　北京市西三环北路 19 号（100089）
网　　址　http://www.fltrp.com
印　　刷　紫恒印装有限公司
开　　本　710×1000　1/16
印　　张　14.5
版　　次　2022 年 6 月第 1 版　2022 年 6 月第 1 次印刷
书　　号　ISBN 978-7-5213-3640-5
定　　价　59.80 元

购书咨询：（010）88819926　电子邮箱：club@fltrp.com
外研书店：https://waiyants.tmall.com
凡印刷、装订质量问题，请联系我社印制部
联系电话：（010）61207896　电子邮箱：zhijian@fltrp.com
凡侵权、盗版书籍线索，请联系我社法律事务部
举报电话：（010）88817519　电子邮箱：banquan@fltrp.com
物料号：336400001

记载人类文明　沟通世界文化　www.fltrp.com

序言

亲爱的读者：

您好！

当您打开这本书的时候，我知道您已经对这本书的内容产生兴趣了。我猜想，您的头脑中可能会有以下疑问：中国企业已经在海外进行了大量的投资，除了政策上的支持，企业自身是否具备实实在在的对外投资能力？中国与拉美地区在距离上如此遥远，中国企业能否成为那个地区成功的且有一定影响力的投资者？中国企业对拉美地区的投资与"一带一路"倡议有什么关系？"一带一路"项目能在当地顺利落地并取得成功吗？这正是本书需要解答的问题。

自2004年开始，中国企业的海外投资呈现出稳步增长的态势。自2009年开始，我就带领研究团队踏上了探索中国企业海外投资的漫漫征途。中国的发展经历了从吸引外资到对外投资再到双向开放的过程，而我本人也涉及对双向开放模式的研究，所以，我对中国企业在开放条件下的成长过程有比较全面的认识和较为深刻的理解。

国际投资的主体源自发达国家的跨国企业，学界关于国际投资的理论也是沿着发达国家的企业进行跨国投资的轨迹建立起来的。近些年，虽然发展中国家的跨国投资在学界得到了一定的关注，但发达国家的学者很难深刻地洞察到发展中国家开放发展的内在机理，而发展中国家的大多数学者因为各种原因又很难全面了解到本国企业进行海外投资的真实状况。我们以中国为例，学者们对中国企业海外投资的解读仍然非常有限。当中国企业在海外遇到各种实际的挑战时，我们很难从现有的理论和研究中找到确切的答案。

近些年，国家相关部门对中国企业海外投资课题的研究比较重视，学界对这方面的研究也非常关注。清华大学于2010年专门成立了拉美研究中心，因此，我有机会带领研究团队深入智利、巴西、秘鲁、阿根廷等国家进行实地调研，与中国企业的海外投资人员进行沟通，与东道国政府相关部门的官员以及我国驻外使馆的工作人员进行交流，与国外的优秀专家、学者深入探讨。在理论研究与实践地调研的基础上，我们对中国企业的海外投资状况以及东道国的投资环境有了更多的了解和认识。对于前面提到的一系列问题，我们通过分析和解读，得出以下答案。

第一，在中国四十多年改革开放的过程中，中国企业在本国市场上与外资企业的合作与竞争中积累了一定的资源和能力，这些资源和能力为它们之后的海外投资奠定了重要基础。

第二，中国与世界各国（特别是遥远的拉美国家）存在诸多差异，这些差异对中国企业的海外投资产生了重大影响，同时构成了严峻的挑战。然而，经过了多年的学习和发展，中国先锋企业已经对东道国的投资环境较为熟悉，并总结出了适应东道国市场的本土化发展策略。正如我们在书中提到的同方威视投资阿根廷、联想佳沃投资智利和国家电网投资巴西的案例一样，它们已经成为拉美地区成功的且有一定影响力的投资者了。

第三，"一带一路"是建立在共商、共建、共享基础上的共同打造"人类命运共同体"的合作倡议，是中国当代领导人向世界发出的合作邀请。近些年，中国企业在拉美地区进行了大量的投资，为拉美地区的发展作出了巨大的贡献。这也表明，中国的发展能够为拉美地区的发展带来契机。"一带一路"倡议向拉美地区的延伸，表明了中国人民与拉美地区人民共建美好未来的愿望。当您翻开本书，了解到中国企业投资拉美的经历，我们相信您一定会对"一带一路"这一美好的合作倡议抱有足够的信心。

在这本书里，我们还向大家展示了国际投资一体化分析框架，并进行了详细解读。这是我们在汲取现有国际投资理论的基础上对数十家海外企业的实地访谈后总结得到的研究成果，而这一成果也为本书涉及的三个典型案例提供了分析思路。

本书的编写工作是在研究团队成员的共同努力下完成的。研究团队成员包括吴敏、金莹、徐润、葛逸晅、龚新宇等。吴敏曾随我出访阿根廷，金莹曾随我出访智利，徐润和葛逸晅曾随我出访巴西。因此，同方威视投资阿根廷、联想佳沃投资智利、国家电网投资巴西的案例研究是他们跟随我在海外调研后获得第一手资料的基础上进行的。他们跟随我奔赴拉美，满怀信心地拥抱了这个陌生而遥远的世界。他们在生活上热情奔放，在工作上严肃认真，在调研分析过程中细致入微，给我留下了非常深刻的印象。

本书的出版离不开清华大学拉美中心的支持。2010年，在智利卢克希奇集团的捐助下，清华大学拉美中心正式成立。2018年，清华大学拉美中心在智利的首都圣地亚哥正式建立，成为清华大学在拉美地区的联络中心和交流基地。我们希望与国内外各界人士一起搭建并完善这个交流与合作平台，共同探讨"一带一路"倡议在拉美地区的实现路径，为中拉务实合作贡献一份力量。

亲爱的朋友，中国融入拉美、与世界共赢的发展道路还很长，无论您在怎样的工作岗位上，清华大学拉美中心都愿与您真诚合作、一路同行！

2022年5月28日

（陈涛涛系清华大学拉美中心主任、经济管理学院金融系教授）

第一篇　中国企业海外投资
　　　　实践及其理论总结

自2004年开始，中国企业的海外投资呈现出稳步增长的态势。然而，与发达国家的跨国企业相比，中国企业属于"后来者"。虽然到2019年，中国企业的对外投资已遍布全球五大洲的188个国家和地区，[①]但世界上某些国家就中国企业对外投资的目的及其真实的投资能力仍然存在各种质疑。

通过对中国企业对外投资的长期跟踪与研究，我们认为，对中国企业对外投资的考量，需要与全球跨国投资的总体发展状况联系在一起。全球化的深入发展以及各国经济发展的实践与经验，都对各国的投资环境带来了深刻的影响。中国的市场从20世纪70年代末才开始从封闭走向开放。无论与发展较早的发达国家相比，还是与一些被发达国家长期殖民过的发展中国家相比，中国在政治、经济、历史、文化等方面都与它们存在较大的差异，这些差异影响到了中国企业的对外发展，增加了它们走出国门、走向世界的难度。

因此，我们首先要阐述全球跨国投资的整体发展情况以及中国企业对外投资的总体情况，并在此基础上探讨中国企业对外投资的国际地位及其在拉美地区的投资情况。接着，我们结合国际投资的经典理论，进一步阐述中国企业在对外投资过程中遇到的各种挑战。最后，我们结合多年的实践研究和理论拓展，建立全球化背景下针对国际投资的一体化分析框架，并利用这个分析框架，对中国投资拉美地区的典型企业进行分析和解读。

①　商务部. 2019年度中国对外直接投资统计公报[EB/OL].（2020-09-16）[2021-8-18]. http://www.gov.cn/xinwen/2020-09/16/content_5543773.htm.

第一章

中国对外直接投资的整体发展状况、国际地位及其挑战

第一节　中国对外投资的整体发展状况及其国际地位

一、全球国际直接投资的整体发展状况

自20世纪80年代以来，全球国际直接投资（Foreign Direct Investment，FDI）的整体发展状况大致可分为以下三个阶段：1980—2000年，2000—2008年以及2008年至今（如图1.1.1所示）。

1980—2000年，全球FDI持续增长，全球经济迅速发展。发达国家在前两次的工业革命中积累了大量的技术和资本，并积极开拓外部市场，寻求更有价值的资源。发展中国家也出于自身发展的需要，打开了国门，积极吸引外资，努力发展本国经济。因此，在这一阶段，发达国家进行对外投资与发展中国家积极吸引外资的动机比较契合，共同推动了全球FDI的稳步增长。

（FDI，单位：百万美元）

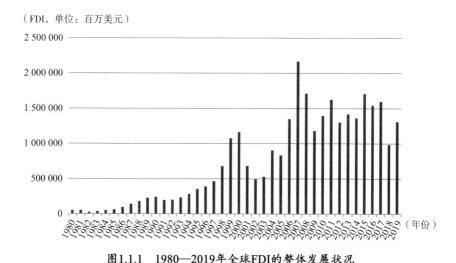

图1.1.1　1980—2019年全球FDI的整体发展状况

数据来源：UNCTAD. [2021-8-18]. https://unctadstat.unctad.org/wds/ReportFolders/reportFolders.aspx?sCS_ChosenLang=en.

2000—2008年，受互联网的影响和美国"9·11"事件的冲击，全球FDI曾一度快速下降，但随后又迅速回升，并在2007年达到历史最高峰。这一现象表明，全球化浪潮还在持续推进。

2008年以后，源自美国的次贷危机引发了国际金融危机，世界经济受到重创，全球FDI整体上出现下降趋势。这场经济危机又进一步引发了世界各国对全球化结果的反思，发达国家与发展中国家对待全球FDI的态度也发生了一些变化，致使全球FDI在国际金融危机后虽有所回升，但一直没有回到历史的最高点。全球经济仍然处于不稳定发展的状态。

二、中国对外直接投资的整体发展状况

如图1.1.2所示，在1992年之前，中国的对外直接投资（Outward Foreign Direct Investment，OFDI）数量非常少。1992年邓小平南方谈话之后，虽然一些国有企业开始尝试对外投资，但由于受到相关政策的限制以及资本、人才等方面的影响，中国OFDI并没有出现较大的增长。直到2004年，中国企业的对外投资数量才有明显的增长，典型代表就是联想收购IBM[①]，TCL收购汤姆逊[②]。2008年，源自美国的金融危机使发达国家的经济受到严重冲击。在此情况下，中国企业抓住这一历史性机遇，实施了对外并购策略。因此，在2008年，中国OFDI出现了跳跃式增长。此后，中国企业加快了对外投资的步伐。一些先锋企业虽然遭遇不少挫折，但在对外投资过程中积累了一定的经验和能力。然而，因受政府外汇管制政策的影响，加上中美贸易摩擦，从2016年开始，中国OFDI出现下降的趋势。

---

① 中国新闻网. 联想收购IBM全球PC业务[EB/OL].（2004-12-08）[2021-8-18]. https://www.chinanews.com/news/2004/2004-12-08/26/514640.shtml.

② 光明网. TCL与汤姆逊联手组建全球最大彩电企业[EB/OL].（2003-11-05）[2021-8-18]. https://www.gmw.cn/01gmrb/2003-11/05/07-239D19A66775492848256DD400815962.htm.

（OFDI，单位：百万美元）

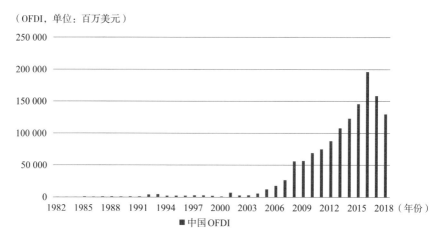

图1.1.2　1982—2018年中国OFDI的整体发展情况

数据来源：UNCTAD. [2021-8-18]. https://unctadstat.unctad.org/wds/ReportFolders/ reportFolders.aspx?sCS_ChosenLang=en.

三、中国对外直接投资的国际地位

将中国OFDI趋势与全球FDI进行比较，我们可以看出，中国对外直接投资的国际地位主要表现在以下三个方面（如图1.1.3所示）。

首先，中国是国际直接投资领域的"后来者"。中国的对外投资出现在20世纪90年代。当时，中国只有极少数企业进行了对外投资。就拉美地区而言，早在20世纪60年代，以巴西为代表的发展中国家也开始在拉美地区的其他国家进行投资。因此，与发展中国家相比，我国的对外投资也是比较晚的。迄今为止，发展中国家的对外投资已经历了三次高潮。①

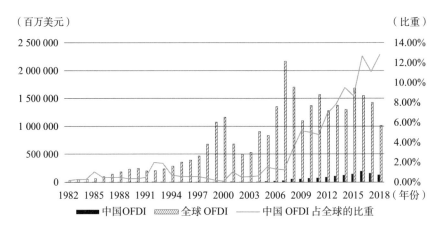

（百万美元）　　　　　　　　　　　　　　　　　（比重）

图1.1.3　1982—2018年中国OFDI与全球FDI比较

数据来源：由笔者根据相关资料整理得到。

其次，当中国OFDI开始快速增长的时候，世界已进入深度发展的全球化时代。如图1.1.1所示，全球FDI经历了前期的大幅增长，并在2007年达到了历史最高点，全球化进程也达到了顶峰时期。在2007年以前，世界上大多数国家经历了较长的开放发展时期，各国企业在本土市场上的竞争也已演化成在本土市场进行的国际化竞争。因此，中国企业在东道国市场面临的竞争对手既包括东道国的本土企业，也包括早期进入该国的跨国企业。

① 世界银行：《2017—2018年全球投资竞争力报告——外国投资者视角及政策建议》（Global Investment Competitiveness Report 2017—2018——Foreign Investor Perspectives and Policy Implications），第四章。

最后，2008年以后，中国OFDI与全球FDI呈现明显的逆向发展趋势。中国OFDI在全球FDI的占比从2008年的3.3%上升至2018年的12.8%。我们同时注意到，随着中国对外投资国际地位的上升，中国受到海外舆论的评价日益增多。2016年是中国OFDI高速增长的一年。根据笔者对GDELT数据库[①]相关报道记录的统计，在2016年，海外媒体涉华新闻报道的数量达到146.8万篇，居历史最高点，其中充斥着大量的质疑与批评之声，负面新闻报道的比例超过了60%。

① GDELT数据库是一个全球社会数据库，GDELT项目用100多种语言实时监控世界上各个地区的广播、印刷和新闻，并识别人物、地点、组织、主题、来源、情感、计数、引用、图像、事件等。具体参见：https://www.gdeltproject.org/，访问日期：2021年2月15日。

第二节　中国对拉美地区投资的整体发展状况及其地位

一、中国对拉美地区投资的整体发展状况

整体来看，与中国对世界其他地区的投资相比，中国对拉美地区的投资起步要晚一些。2014—2016年，中国对拉美地区的投资呈现出较快的增长态势（如图1.1.4所示）。

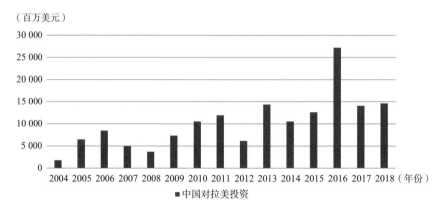

（百万美元）

图1.1.4　2004—2018年中国对拉美地区的整体投资情况

数据来源：国家统计局数据库．[2021-8-18]. https://data.stats.gov.cn.

1993年，首钢在秘鲁的投标项目中胜出，首钢的投资项目成为中国在拉美地区的第一个大型生产项目。2003年以后，中国企

业自身的竞争力大大提升，所以中国对拉美地区的投资也有较快增长。中国对拉美地区的投资从2003年的10.3亿美元增长至2006年的84.6亿美元。2008年，国际金融危机爆发后，中国企业把握良机，对拉美地区的投资进一步扩大。2010—2019年，中国对拉美地区的年平均投资超过了100亿美元。需要说明的是，在中国对拉美地区的投资中，有90%的资金流向了英属维尔京群岛和开曼群岛这两个免税群岛。2010—2019年，除去免税群岛的投资，中国在拉美地区的年平均投资数量只有15.9亿美元。

二、中国在拉美地区的投资地位

拉丁美洲是一个具有悠久投资历史的地区。19世纪20年代，英国、美国等西方国家就开始在拉美地区进行投资。随着19世纪80年代拉美地区掀起的经济自由化改革，美、英、西、葡、日等国的企业加大了对拉美地区的投资，并与拉美地区的本土企业形成了激烈的竞争格局。[①]

在拉美这块外资云集的土地上，中国企业属于实实在在的"后来者"。根据联合国拉美和加勒比经济委员会（简称"拉美经委会"）的统计，中国在拉美地区的投资从2010年开始才有显著的增长。2010年，中国在拉美地区的投资数量占拉美地区FDI数

① 陈涛涛，陈忱，罗德斯·卡萨诺瓦，陈晓. 拉美区位优势与竞争环境[M]. 北京：清华大学出版社，2014：56.

量的9%。① 在2010年之前，中国在拉美地区的投资极少，并且很少受到外界关注。2010—2015年，中国在拉美地区的投资数量占拉美地区FDI数量的比重每年都超过7%。2016年，这一比重达到22%（如图1.1.5所示）。中国已经成为拉美地区各国外资的重要来源国。

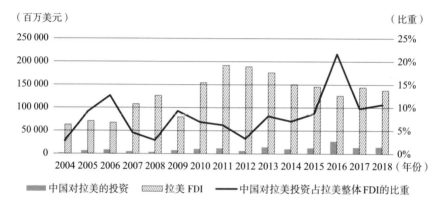

图1.1.5　2004—2018年中国对拉美地区的投资与拉美FDI比较

数据来源：由笔者根据相关资料整理得到。

由此可见，中国在拉美的投资地位与中国在全球的投资地位有类似之处，但中国对拉美地区的投资要晚一些，其投资地位更低一些。究其原因，主要在于中国与拉美地区相距较远，彼此的联系也较少。

---

① ECLAC (Economic Commission for Latin America and the Caribbean), Foreign Direct Investment in Latin America and the Caribbean, 2010.

第三节　中国企业海外投资面临的巨大挑战

一、中国企业面临的巨大挑战

从跨国投资的角度看，作为"外来者"，跨国企业在东道国进行投资，没有太多的优势。如果加上它的"后来者"身份，那么，与早期进入东道国的跨国企业相比，它的劣势更加明显。这正是中国企业在东道国市场上面临的巨大挑战。

下面，我们先以智利的铜矿业为例进行说明。众所周知，智利是全球最大的铜矿资源国和产铜国，其铜矿资源储量和铜产量分别占全球总量的28%和34%。智利的铜矿业因此成为全球各国企业竞相投资的焦点。智利在铜矿产业方面有着长达数十年的招商引资历史。由于长时间的对外开放，智利的铜矿业已经汇聚了诸如英美资源、必和必拓、三菱等全球知名的跨国企业，另外还有本土最大的国有企业——智利国家铜业公司以及本土最大的私人铜矿企业——安托法加斯塔铜业公司。因此，智利的铜矿业成为全球最具竞争性的产业之一。这些实力雄厚的企业将大型矿山资源牢牢地控制在自己手中，致使诸如中国五矿集团这类大型矿企很难有机会参与进来。

我们再以巴西的汽车产业为例进行说明。20世纪70年代，巴西经历了较长时间的"进口代替工业化"时期。巴西的基本做法是：以高关税壁垒促使外资企业投资巴西汽车产业，同时引导它们在巴西建立汽车产业链。债务危机出现后，巴西政府虽然调整了对外开放政策，但其"促进本土制造业发展"的战略从未改变。因为巴西在劳动力成本、效率、税收等方面并不具备太大的优势，所以巴西本土的汽车制造业缺乏国际竞争力。然而，依靠高关税和较高的"本地化率"政策，巴西仍然能使本国的汽车行业不断获得发展。这种特殊的产业发展战略对中国企业进入巴西市场带来了严峻的挑战。一方面，中国企业往往认为，本国生产的产品比巴西国内生产的产品更有竞争优势，更有可能在巴西市场上占有一席之地。然而，中国企业一旦投资巴西并达到巴西的"本地化率"要求，其成本优势就会被大大削弱。另一方面，与长期在巴西发展的西方老牌跨国企业相比，中国企业对巴西复杂的投资环境比较生疏。这一状况曾使选择投资巴西的中国企业深陷困境。

二、母国与东道国之间的差异会对中国企业的投资产生重大影响

根据美国哈佛商学院格玛沃特（Ghemawat）教授在2001年提出的差异牢笼理论（CAGE），当投资国与东道国之间在文化、制度、地理、经济等方面存在较大的差异时，跨国投资就会遇到很大的阻力。我们同样以中国企业投资拉美地区为例，无论是在行

业层面，还是在企业层面，中拉之间的差异都是比较大的，中国企业在拉美地区的投资必然会遇到很大的阻力。

我们先从大的方面说起。在地理位置上，拉丁美洲显然是距离中国非常遥远的地区。在文化上，拉美国家深受欧美文化的影响，具有"亲欧崇美"的特征。在制度上，拉美各国深受西方民主政治的影响。在经济上，大多数拉美国家具有"大市场、小政府"的特征，经济受政治因素的影响较大。债务危机爆发后，大多数拉美国家害怕以借贷的方式来推动本地经济的发展。

我们再从行业层面和企业层面进行分析。下面我们以基础设施行业为例进行说明。债务危机爆发后，墨西哥、智利、秘鲁等主要拉美国家缺少足够的资金，并且害怕以借贷的方式来发展本地经济，所以它们普遍采用公私合营模式（Public-Private Partnership，PPP），以此来推进基础设施项目的建设，而中国企业在国内和国际工程中主要采用工程总承包模式（Engineering-Procurement-Construction，EPC）。中国企业对PPP模式并不熟悉。我们再以智利的电力行业为例进行说明。智利自1982年对国有电力企业实施"私有化"改革以来，投资公司在推进各类项目时需要自己解决征地补偿、人员安置、社区关系等问题。由于这项工作既费时又费力，一些在技术上有明显优势的中国大型企业也不得不放弃投资。此外，拉美地区个别国家发生的社会事件也对中国企业的投资和发展产生一定的影响。比如：秘鲁矿业发生的反矿抗议活动，哥伦比亚的游击队问题等。

三、中国企业对外投资是对自身综合投资能力的重大考验

中国企业在拉美地区的投资与发展，也是对企业自身综合投资能力的重大考验。下面，我们仍以中国企业投资拉美的案例进行说明。

我们先对中国企业的竞争力进行分析。在中国改革开放的四十多年里，中国企业在国内不断获得发展，积累了一定的能力。在一些行业和领域，中国企业在国内的成长过程中也培养出了一定的国际竞争力。然而，面对文化、制度、地理、经济等方面的巨大差异，企业要把自身的优势转移到拉美地区并非易事。于是，中国企业在中国市场上的竞争力与其在拉美地区市场上的竞争力会存在明显的差距。另外，中国企业在国内的发展过程中没有积累在国外发展的能力，比如：应对工会组织的能力，与社区进行有效沟通的能力等。因此，中国企业作为拉美地区的"后来者"，其市场竞争力是明显不够的。

我们再从竞争对手的角度进行分析。由于拉美国家开放已久，一些西方老牌跨国企业早在20世纪60年代就已进入拉美地区，所以它们在拉美地区已经拥有深厚的经济基础和广泛的社会联系。20世纪90年代，拉美地区各国在私有化浪潮中释放出了大量的优质资产，而这些西方老牌跨国企业成为最大的受益者。它们不仅积累了巨额财富，同时拥有强大的市场竞争力。此外，由

于大多数拉美国家比较认同西方的自由主义经济，所以从20世纪80年代开始，它们实施了一系列激进的开放政策，而这些政策缺乏对本土企业的保护和扶持，致使大量的本土企业在外资企业的冲击下被迫退出市场。因此，在激烈的市场竞争中存活下来的少数本土企业，也有极强的市场竞争力。我们可以想象，在拉美地区市场上，中国企业所面对的竞争者——无论是投资已久的西方跨国企业，还是拉美地区的本土企业，都有很强的竞争力。

中国与世界其他国家在文化、制度、地理、经济等方面存在诸多差异，也使中国企业在世界其他地区（包括拉美地区）面临较大的舆论压力。由于数百年的殖民历史以及独立后与西方国家的亲近关系，大多数拉美国家采用的是西方民主政体，加之西方跨国企业在拉美国家投资已久，拉美国家与西方国家几乎融为一体。在对中国缺乏基本了解的前提下，拉美国家难免会对中国企业（特别是中国的国有企业）的投资提出疑问。同时，在投资的初始阶段，由于对拉美地区环境的生疏和本土化能力的不足，中国企业很难适应当地的市场环境。

第二章

对经典国际投资理论及其发展观点的梳理与评述

国际投资理论自20世纪60年代提出以来，已有半个多世纪的发展历史。在这几十年的发展过程中，发展中国家在国际投资中的地位不断提高，学者们也在国际投资实践的基础上对原有的经典国际投资理论进行了拓展。然而，从当前发展中国家跨国企业的实践来看，特别是中国企业加入了国际投资的行列后，现有的理论需要更进一步的拓展。为了结合中国企业的投资实践，并对现有国际投资理论进行恰当的补充，我们首先对相关理论及其发展观点进行梳理和评述。由于本书涉及的相关理论比较多，所以我们在这里选取了最重要的两组经典理论进行阐述：第一组是"国际生产折衷理论"（即OLI理论）及其发展观点，第二组是"差异牢笼理论"（即CAGE理论）和"跨文化管理理论"（即CCM理论）。

第一节　对OLI理论及其发展观点的梳理与评述

一、对OLI理论及其发展观点的梳理

在国际直接投资理论中，英国学者邓宁（John Harry Dunning）提出的OLI理论是解释跨国企业对外直接投资行为最有影响力的理论之一。邓宁认为，早期的国际直接投资理论（比如海默的"垄断优势理论"和弗农的"产品生命周期理论"等）只能部分地解释企业的对外投资行为。因此，邓宁希望能够找到一个合理的理论来解释国际间的经济活动。

20世纪50年代，邓宁观察到英、美两国制造企业在生产率上存在明显的差异。邓宁认为，美国制造企业拥有某种资源优势或管理优势，这种优势被称为"所有权优势"（Ownership Advantage，O）。此外，邓宁还认为，如果一个企业能够把它在母国的优势成功转移到东道国，并能获得不差于母国的经营效益，这就说明该企业同时具有某种"内部化优势"（Internalization Advantage，I）。但结果发现，在英国的子公司的绩效要低于美国本土的母公司。邓宁认为，导致这种低效率的原因主要在于英国本身的经济特征，或者说，美国存在某种不可转移的优势。这种影响企业经营效益的特定优势被邓宁称为"区位优势"（Location

Advantage，L）。这就是早期OLI理论的思想来源。

1976年，邓宁在巴克莱（Buckley）和卡森（Casson）提出的内部化理论[①]的基础上，正式提出了OLI理论。该理论认为，企业从事国际直接投资活动是由企业自身拥有的所有权优势（O）、区位优势（L）和内部化优势（I）共同决定的。其中，所有权优势（O）又称垄断优势，是指企业拥有或者能够得到其他企业没有的无形资产和规模经济优势。企业拥有的所有权优势越大，对外投资的能力也就越强。企业的所有权优势主要体现在专利技术、商标、创新能力、规模优势、组织管理能力、金融和货币优势、市场渠道和销售能力等方面。区位优势（L）是指东道国在投资环境、经济政策等方面存在的特定优势，包括东道国在地理位置、生产要素价格、市场需求、运输与通信成本、基础设施、市场体系、政府调节和干预程度、优惠政策等方面的优势。内部化优势（I）是指企业在内部能力优化方面存在的特定优势。由于不完全竞争市场增加了企业的交易成本，企业就会把中间市场"内部化"，而"内部化"可以帮助企业获得更大的收益。

随着经济的发展和时代的变化，OLI理论在各变量之间的相关性、理论的动态扩展等方面受到学者们的质疑。为此，邓宁在

---

① 该理论认为，跨国企业生产以外的活动与中间产品密切相关。中间产品市场（尤其是知识产品市场）的不完全使企业不能有效利用外部市场来协调其经营活动，这是构成"内部化"的关键前提。当"内部化"过程跨越国界，跨国企业便产生了。

企业所有权优势的类型、理论的动态解释以及对各变量内涵的扩展等方面对最初的理论进行了修正和完善。

在20世纪80年代，面对学者们对OLI理论中各变量之间的相关性而提出的批评意见，邓宁对所有权优势进行了区分。他把所有权优势进一步划分成资产型所有权优势（Asset Ownership Advantages，Oa）和交易型所有权优势（Transaction Ownership Advantages，Ot）。其中，资产型所有权优势（Oa）指的是企业对特定资产所具有的排他性优势，如资源、能力、市场占有率、专利、商誉等。企业在进行跨国经营之前就已经拥有了这些优势。这种优势来自企业有效协调和整合国内外资产的能力，是企业参与海外投资活动前由内部化优势派生出来的能够得到强化的优势。

到了20世纪80年代末，有学者认为，邓宁的OLI理论只涉及国际生产的静态分析，忽略了国际生产的动态过程。针对这一批评意见，邓宁对该理论进行了拓展。邓宁认为，在一个特定的时期，企业对外投资的程度反映了企业的发展轨迹，而这种轨迹是由所有权优势（O）、区位优势（L）、内部化优势（I）以及企业战略共同决定的。企业战略会对企业的前三种优势产生影响，企业下一个阶段的所有权优势和区位优势也会受到上一阶段的所有权优势、区位优势、内生变量、外生变量以及企业战略等因素的影响。至此，OLI理论拓展成一个包含时间维度、企业战略等因素在内的动态化分析范式。

到了20世纪90年代，随着国家垄断资本主义国际联盟①的出现，邓宁开始关注企业网络、企业联盟等因素对企业的所有权优势（O）、区位优势（L）和内部化优势（I）的影响，并对这三种优势的内涵进行了拓展。邓宁认为，企业可以通过企业间联盟的方式实现"内部化"，并且"内部化"的方式变得更加灵活。

随着互联网技术的崛起，邓宁认识到互联网技术会成为企业所有权优势的重要来源，而企业在进行对外投资决策的时候也需要关注东道国的互联网发展水平。到了21世纪，学者们越来越关注制度因素对企业投资产生的影响。随着发展中国家的崛起，邓宁开始把制度因素纳入OLI理论的分析框架。邓宁认为，企业自身的激励机制和东道国的制度环境也会对企业自身优势产生一定的影响。因此，企业除了要关注东道国的制度环境，还要仔细评估自身能否满足当地经济和社会的需要。

除了邓宁在不同的时代背景下对OLI理论进行完善和拓展，其他学者也对该理论进行了拓展。黄中文（2001②）将"速度优势"（S）引入OLI理论的分析框架，建立了OLIS理论模型。黄中文指出，近年来跨国企业之所以愿意采用跨国并购的方式，主要

---

① 国家垄断资本主义国际联盟是国际垄断同盟的高级形式。它是由资本主义国家政府出面缔结的国际经济集团。国家垄断资本主义国际联盟使各国经济的一体化程度大大加强，在一定程度上促进了生产和资本的集中，刺激了生产的发展。
② 本书以此形式对学者的理论或观点进行表述，括号中的年份表示学者提出理论或观点的时间。

原因在于：跨国并购比新建企业在速度上更有优势，跨国并购是企业达成投资目标的快捷方式。汪建成（2007）认为，传统的"一体化—本土化理论"（Integration—Responsiveness Framework，IR）考虑到了企业的外部环境，但很少从企业自身角度出发来考虑企业的能力或优势对跨国经营方式的影响。汪建成认为，邓宁的OLI理论能够有效弥补IR理论的缺陷，可以将两者进行整合。Stephen Guisinger（2001）认为，OLI理论还应该考虑组织内部的细节，如商务过程（Business Process）等。他认为，应该将OLI理论模型改成OLMA理论模型，即将企业的所有权优势（O）、区位优势（L）和内部化优势（I）改为所有权优势（O）、区位优势（L）、进入方式（M）及其调整策略（A）等方面的优势。他认为，现代企业的经营方式有许多种，只谈"内部化"存在较大的局限性。另外，因为东道国和母国之间在环境上存在较大的差异，所以企业要对自身的商务运行过程进行调整。

从其他学者的评价来看，国内大部分外学者认为，OLI理论是国际投资领域解释跨国企业投资行为最完备的理论之一。阎建东（1994）认为，邓宁的OLI理论对国际生产理论各种流派的观点兼收并蓄，形成了一个综合性非常强的理论范式。杨增雄（2004）认为，邓宁的OLI理论为解释企业的跨国投资行为提供了更加全面且有效的分析框架。曾小龙（2008）指出，OLI理论处于国际直接投资理论中的主流地位，该理论的不断发展和完善说明这种分析范式具有很大的发展空间。Rugman（2010）认为，OLI理论本身有着丰富的内涵，能够为企业的对外投资行为提供更加全面的解释。Narula（2010）肯定了OLI理论在各个时期得到拓展的合理性价值，并认为该理论应该回归本源。Eden（2010）认为，邓宁的OLI理论回答了跨国企业投资活动为何发生（When）、往哪里去（Where）以及如何开展的问题（How）。Eden同时指出，OLI理论是解释跨国企业投资行为最成功的理论之一。

二、对OLI理论及其发展观点的评述

在前面，我们对相关学者的观点进行了总结。因此，我们得出以下结论。

第一，1976年，邓宁在垄断优势理论、内部化理论的基础上创建了OLI理论，该理论具有"集大成"的特征。与内部化理论相比，OLI理论能够更好地结合国际投资实践，从战略视角来分析跨国企业的对外投资行为。

第二，邓宁对国际投资内在逻辑的把握比较准确，并且他能够随着国际投资实践对这一理论进行修正和完善。使其内涵更加丰富，因此，该理论得到学者们的普遍认可。我们也赞同Rugman、Narula、Eden等学者对OLI理论的评价。邓宁的OLI理论在解释企业的跨国投资行为上不仅提供了合理的分析框架，而且提供了有效的战略分析思路。

第三，从具体的理论演进角度看，邓宁后来把所有权优势

（O）进一步划分成资产型所有权优势（Oa）和交易型所有权优势（Ot），并将OLI理论拓展成一个包含时间维度、企业战略等因素在内的动态化分析范式，这些变化更加完整地解释了企业跨国投资的内在机理。

第四，邓宁认为，在互联网时期，互联网技术会成为企业所有权优势的重要来源，东道国的互联网发展水平会成为企业对外投资的重要影响因素；结合制度因素，企业自身的激励机制和东道国的制度环境也会对企业的自身优势产生影响。这些补充内容具有非常重要的意义。

如前所述，我们对OLI理论及其拓展观点非常认可，但从投资实践的角度考虑，OLI理论仍然存在比较明显的缺陷。如果结合发展中国家对外投资的实践，OLI理论的应用仍然存在很大的拓展空间。虽然邓宁对OLI理论的拓展具有重要意义，但对发展中国家的跨国企业而言，其针对性并不强。同时，这些理论也缺少来自发展中国家具有强大说服力的案例。当邓宁成功地将OLI理论中的所有权优势（O）进一步划分成资产型所有权优势（Oa）和交易型所有权优势（Ot）后，在母国形成的或在投资前形成的这两种所有权优势之间又有什么关系呢？更重要的是，交易型所有权优势（Ot）在企业的投资实践中是怎么形成的？是否存在一定的规律性？这些问题在OLI理论中都没有得到进一步的阐释。但在投资实践中，上述问题恰恰是企业跨国投资过程中面临的最大的挑战。

中国企业作为跨国投资界的"后来者",起步时间较晚。中国企业是否在本国就形成了所有权优势?是否可以跨国转移自己的所有权优势?由于这一理论存在一定的盲区,这些问题在现有的OLI理论框架下并没有得到很好的解释。

第二节　对CAGE理论和CCM理论的梳理与评述

一、CAGE理论

在国际商务领域，差异就是距离。"距离"的概念最早源自贝克曼（Beckerman）于1956年在研究欧洲内部贸易问题时提出的"心理距离"（Psychic Distance）这一概念。贝克曼认为，来自意大利的企业在采购原材料的时候可能更愿意选择瑞士的供应商（而非土耳其的供应商），这不仅仅是出于经济上的考虑，还因为意大利人与瑞士人有着更近的心理距离（比如更少的语言沟通障碍等）。

在贝克曼的启发下，卓汉森和保罗（Johanson & Wiedersheim-Paul）以及以他们为代表的北欧乌普萨拉学派（Uppsala School）于1975年在国际商务领域引入了"心理距离"这一概念。心理距离通常指阻碍信息流动并对跨国交易产生负面影响的心理因素，用来区分跨国交易中出现的其他负面因素（如交通距离和关税的高低等）。除了这种带有一定主观色彩的划分方式，哈佛大学教授潘卡吉·盖马沃特（Pankaj Ghemawat）于2001年提出了CAGE理论（即差异牢笼理论），从客观角度对国家间的距离维度进行了区分。其中，"CAGE"分别是指文化（Cultural）、制度（Administrative）、地理（Geographic）和经济（Economic）四个维度的距离。盖马沃特认为，在分析上述四个维度的距离时，不仅要考虑国家层面的因素，而且要充分考虑行业层面和企业层面的因素。因此，CAGE理论形象地描绘了企业在国际化过程中从宏观到微观并由四个距离维度组成的"立体牢笼"。

GAGE理论提出后，大部分学者关注的是距离带来的负面影响。从距离的负面影响上看，已有的外文文献对此存在多种解释，相关实证研究的数量众多，已形成比较丰富的研究成果。比如，在作用机制方面，一些学者分析了距离负面影响的理论基础，主要包括以下几个方面。（1）外来者劣势理论（Hymcr，1976；Zaheer，1995），强调跨国企业在海外经营过程中存在作为"外来者"的额外成本；（2）交易成本理论（Rugman，1980），认为距离会增加交通、沟通、协调、整合、监督等方面的成本；（3）行为理论（Makino & Tsang，2011），认为距离会增加不确定性，而经理人存在风险厌恶情绪；（4）基于知识观的企业理论（Ghoshal，1987），认为距离会阻碍企业吸收新知识，甚至会阻碍企业运用已有的知识进行创新。在实证结果方面，距离的负面影响主要体现在企业的跨国经营行为和绩效上，比如：进入模式（Brouthers K，2002；Dow和Larimo，2009），双边贸易（Dow和Karunaratna，2006；Brewer，2007），对外直接投资（Nachum和Zaheer，2005），跨国外派（Selmer et al.，2007；Brock et al.，2008），国际合资（Barkema和Vermeulen，1997），跨国并购（Dikova et al.，2010；

Malhotra和Gaur，2014；De Beule et al.，2014；Lim et al.，2016）等。

中国学者对距离的负面影响也有较多的探讨。第一，中国学者已经认识到，距离在各个层面给企业带来了一定的影响，宏观层面的距离包括社会发展取向（陈涛涛等，2018）和具体法律制度（姜朋等，2015），中观和微观层面的距离包括特定行业的商业模式差异（陈涛等，2017）等。第二，中国学者对距离的负面影响也有大量的实证研究，主要包括：双边贸易（潘镇，2006；田晖和蒋辰春，2012；万伦来和高翔，2014），区位选择（潘镇，2006；董惠梅，2007；贺书锋和郭羽诞，2009；殷华方和鲁明泓，2011；綦建红等，2012；綦建红和杨丽，2012），进入模式（綦建红和杨丽，2014）和投资绩效（阎大颖，2009；蒋冠宏，2015），合资企业绩效（潘镇等，2008）等。第三，中国学者意识到，距离的负面影响主要体现在行业层面。例如，具有综合国际经验和海外并购经验的中国企业并购的成功率更高（阎大颖，2011），并购后的绩效也会更好（阎大颖，2009）。

在对距离负面影响存在大量共识的情况下，如何减少其负面影响同样成为相关研究人员不断追问的话题。申卡尔（Shenkar，2001）较早地总结了缩短文化距离的若干机制，包括：全球化与文化趋同（Globalization and Convergence）、地理位置接近（Geographical Proximity）、海外经历（Foreign Experience）、文化互渗（Acculturation）、文化吸引力（Cultural Attractiveness）、人员配置（Staffing）等。赫特施莱因特（Hutzschenreuter）等人（2016）指出，衡量不同距离维度的因素各不相同。同时，他们把缩短心理距离的因素分成企业因素和市场因素。其中，企业因素包括企业经历（Firm Experience）和经营时间（Duration of Operations），市场因素包括市场规模潜力（Market Potential）和国家风险（Country Risk）。

从实证研究角度看，企业的发展历程得到众多相关研究者的关注。帕德马纳班（Padmanabhan，2005）将企业经历区分为一般国际化经历、东道国经历和相关决策经历。实证研究发现，这些经历均可以在一定程度上减少文化距离产生的负面影响，其中相关决策经历的效果最为明显。因此，文化距离产生的阻力更加明显，但对一个经验丰富的"外来者"而言，可能并不存在太大的问题。不少学者研究发现，国际经历在跨国并购、进入模式选择等问题上，均能减少文化距离的负面影响（Dow和Larimo，2009；闫大颖，2011；邓明，2012），而过往的并购经历也能够减少文化距离对跨国并购后企业绩效的负面影响（闫大颖，2009）。

二、CCM理论（跨文化管理理论）

与传统的距离理论相比，跨文化管理主要从更加微观的视角探讨文化差异的影响。从现有的研究成果来看，学者们对跨文化管理理论本身缺少一个统一的分类，大部分的学者都是结合自己的学科背景谈论不同的话题（Usunier，1992；Adler and Gunderson，2008；Schneider et al.，2014；Mayrhofer，2017）。这些话题除了涉及"文化"的概念与维度外，还包括跨文化领导力、跨文化团队管理、跨国并购中的跨文化挑战等。从组织层面来看，该领域的研究主题包括企业战略、组织结构、知识管理与变革、跨文化能力与文化智力的发展、跨文化营销等方面（Usunier，2019）。此外，跨文化管理还涉及跨文化沟通（Gudykunst et al.，1988；Adler and Gunderson，2008；Kittler et al.，2011）、协商意义与身份（Primecz et al.，2011；Ting-Toomey，2012；Yagi and Kleinberg，2011）、协商工作实践（Brannen and Salk，2000；Barmeyer and Davoine，2019）等共同话题的讨论。其他话题则更关注人力资源管理（Jackson，2014）、跨文化背景下的职业路径和模式（Davoine and Ravasi，2013）、跨国外派（Black et al.，1999）、管理风格（Laurent，1983）和语言研究（Brannen，2004；Piekkari et al.，2014）等方面。我们可以看到，不同的学者基于不同的学科视角，并使用不同的研究方法对跨文化管理理论提出了各自的研究方向（洪惠雨等，2018）。下文将针对跨文化管理中被广泛研究的跨国外派、跨文化团队和跨文化协商这三个话题逐一进行讨论。

在跨国外派方面，相关研究人员将其进一步划分为外派人员适应程度和外派人员业绩两个方面。针对前者，盖尔芳达（Gelfand）等人总结了影响外派人员适应程度的因素，主要包括个人因素（如文化智力、学习倾向和自我效能等）、工作因素（如同事帮助和早期国际化经验等）和非工作因素（如配偶适应程度等）。其他因素则包括与本地居民的互动、本地语言沟通能力等。

外派人员的态度和业绩也会受到多种因素的影响。其中，外派人员态度（如工作满意度等）受到任务重要性和工作自主权的正面影响（Naumann et al.，2000），而外派人员业绩除了受到自身尽责程度、自我驱动力和文化距离的影响，还与本地居民的密切程度存在显著的正相关性（Gelfand et al.，2007）。东道国居民作为外派人员的利益相关方，既包括本地下属员工和上级领导，也包括本地的居民、朋友和亲属（Adler & Aycan，2018）。外派人员与东道国居民之间形成良性互动，能在多个方面获益，如信息支持、社会化辅导和业绩评价等（Adler & Aycan，2018）。当然，如果外派人员与东道国居民之间形成的是恶性关系，那么外派人员也会因此受损（Toh & DeNisi，2005）。

在跨文化团队方面，相关研究成果比较丰富。跨文化团队研究兴起于20世纪90年代，其研究对象为"由来自不同文化背景的开展跨国活动的团队"（Snell et al.，1998）。国外学者基于相关学科视角，探讨了跨文化团队的潜在优势、劣势和绩效表现。施塔尔（Stahl）等人基于108篇实证研究分析报告，发现团队文化多样性的负面影响主要体现在任务冲突、工作满意度和团队的社会融合程度等方面，其正面影响主要表现在团队创造力的提升上，而上述影响会受到团队规模、成员任期、工作复杂程度、文化多样性程度等因素的影响。例如，莫萨科夫斯基（Mosakowski）等人研究发现，团队文化的多样性和跨文化团队的绩效之间存在倒"U"型关系。他们认为，适度多样性的团队可能会比文化完全同质化或文化过度多样性的团队更有优势。由此可见，当前国外的研究主要集中于团队文化多样性的影响方面，而对如何挖掘多样性背后的潜力的研究相对不足。相比之下，国内文献的研究就没有那么深入了。例如，孟凡臣等人（2006）以中欧国家的学生团队为样本开展问卷调查，发现团队成员的国际化经历、任务分配模式和成员互信度等因素可以促进团队的发展。

在跨文化协商方面，现有的文献主要关注跨文化因素对协商的影响。首先，不同文化背景的协商人或谈判人存在不同的判断倾向。例如，美国人的谈判倾向于持有竞争性的谈判，而中国人的谈判更容易受到其他人的影响（Gelfand et al.，2007）。其次，跨文化情景会对协商过程和结果产生影响，并且以负面影响为主。例如，跨文化情景会使协商人或谈判人之间更不愿意合作，或更不愿意理解对方所传达的信息。特别是在谈判双方有语言障碍、沟通方式存在差异、存在对抗性等情况下，其负面影响会进一步扩大（Adler和Aycan，2018）。中国学者同样认识到跨文化冲突产生的上述来源（秦学京，2005；李彦亮，2006；杨柏，2016）。随着中国企业对外投资的加速，中国学者对跨文化管理问题的理解进一步加深。例如，田志龙等人

（2013）采用半结构访谈的方式，收集了10家对外投资的中国企业和18家在华外资和合资企业的数据。研究发现，对外投资的中国企业处于更初级的跨文化管理阶段，企业的中国员工主要承担市场开拓工作。

三、对CAGE理论和CCM理论的评述

综合以上对CAGE理论与CCM理论的阐述，我们可以得出以下结论。

第一，盖马沃特在21世纪初提出的CAGE理论，反映了在当时背景下各国的差异对跨国企业投资产生了重要影响，引入距离因素会使评估结果更加客观。而且，与CCM理论相比较，CAGE理论所涵盖的领域更宽广，层级结构更加体系化，能够更加完整地反映跨国企业面对的客观差异。第二，CAGE理论的层级解构对企业的跨国投资实践以及投资前的战略分析具有重要指导意义。第三，跨国企业对距离的感知具有不对称性。这种不对称性在一定程度上反映了发展中国家对外投资的现实状况。第四，盖马沃特及其他学者对CAGE理论所做的实证分析很有价值，尤其对发展中国家跨国企业的成长有很大的借鉴意义。

当然，CAGE理论也存在一些明显的缺憾。第一，大部分与CAGE理论相关的研究主要集中在实证层面。第二，针对跨国投资的有深度的案例研究比较少。第三，应用GAGE相关理论对发

展中国家跨国企业的分析与研究就更少了。

与CAGE理论相比，CCM理论存在很大的不同。从研究范围上看，CCM理论主要集中在微观层面；从研究视角上看，CCM理论主要从文化视角出发进行研究。从研究方法与内容上看，CCM理论的研究方法兼顾实证方法与案例分析，涉及的内容与企业的跨国实践紧密结合，并对企业的国际投资实践具有重要指导意义。从这个意义上讲，CCM理论的研究是对CAGE理论的有益补充。

早期的贸易活动就已经涉及跨文化管理。在古埃及时期，埃及人、腓尼基人、古希腊人等就开始了海上贸易（洪惠雨等，2018）。到了在20世纪70年代，跨文化管理作为一门新兴的边缘科学，在美国逐步形成并发展起来（陈红儿和孙卫芳，2007）。之后，随着跨国企业的不断发展，越来越多的管理者意识到跨文化管理的重要性。然而，由于发展中国家的跨国企业出现相对较晚，所以学界对发展中国家跨国企业的研究也是比较薄弱的。此外，中国国内跨文化管理的理论研究略显滞后，主要表现是：实证研究数量少，数据少且不全面，大多数文献都是借用国外的概念和理论对国内问题进行解释和分析的。此外，跨文化管理仅从企业的角度去寻求减少差异影响的方案，显然是不够的。

我们认为，CAGE理论中描述的母国与东道国之间的差异（或距离）是跨国企业面临的巨大挑战。从减少差异影响的角度分析，各方面的研究都存在明显的缺陷。发展中国家跨国企业兴起之后，相关研究依然非常少。这也意味着，随着发展中国家跨国企业的实践与发展，这一领域的研究仍然存在很大的拓展空间。

中国企业的海外投资实践与国际投资一体化分析框架的搭建

第一节　中国企业海外投资能力的形成与发展

如前所述，自2004年起，中国企业的海外投资开始出现稳步增长的趋势。2008年，国际金融危机爆发后，中国企业的海外投资数量快速增长，到2016年达到顶峰。面对"国际投资领域的'后来者'身份""母国与东道国之间存在巨大差异""综合投资能力不足"等方面的问题，中国企业经历了长期的艰难探索。目前，一些先锋企业已经在东道国市场上发挥出了自身的优势。同时，这些企业也积累了本土化发展的策略和经验。

中国企业海外投资能力的形成主要经历了以下四个阶段。第一个阶段，是指中国企业在国内发展过程中的能力积累阶段。第二个阶段，是指中国企业在国内积累的能力向东道国转移的阶段。第三个阶段，是指中国企业克服各种困难，通过采取各种不同的本土化策略来实现更大发展目标的阶段。第四个阶段，是指中国企业在国际投资发展过程中逐步积累了一定的国际化能力和经验的阶段。

我们先看第一个阶段。中国企业在早期的国内开放发展的过程中的确积累了一定的所有权优势（O）。在中国改革开放的四十多年时间里，外资流入数量不断上升。引进外资不仅推动了国民经济的快速发展，创造了大量的就业岗位，而且促进了产业基础和产业链的建设。此外，中国企业也在引进外资的过程中充分利用外资的溢出效应，学习到了先进的技术和管理经验，在与外资企业合作的过程中不断获得发展，并且具备了一定的国际竞争能力。例如，在早期的开放发展的阶段，得益于中国本土廉价的劳动力，中国企业慢慢具备了以成本优势为特征的国际竞争能力，进而推动中国制造业领域的一些产品在国际市场上实现广泛销售。随着制造业及整体经济的不断发展，中国企业的技术研发能力也在不断提高。随着国内消费大市场的出现，中国企业在制造业领域的地位也在不断提变，并且在技术创新领域有了自己的一些优势。

在第二个阶段，由于中国与东道国在文化、制度、地理、经济等方面存在的诸多差异，中国企业在实践中慢慢发现，在中国国内形成的竞争能力，只能向东道国进行部分转移。企业竞争能力的转移主要通过外派员工、从中国购置主要产品或生产材料、调配关键设备等方式来实现。例如，国家电网从国内派出具有国际化背景的高级管理团队前往巴西开展海外投资及运营工作；华为在国内已经研发出比较成熟的固网设备，为其进入拉美地区市场奠定了良好的基础；中港湾（CHEC）在黎巴嫩进行港口项目扩建时，针对当地复杂的地质条件和施工要求，调用国内的打桩技术。同时，由于中国企业在国内形成的能力根植于中国国内的市场环境，与国内的产业条件密切相关，加之东道国的法律限制，有些能力并不具备跨国转移的条件。例如，中国低成本的劳动力、国内基建企业在国内培养起来的施工队伍等，无法完全转移到东道国市场。大多数情况下，中国企业只能在东道国法律允许的条件下组建精干的技术和管理队伍，将其派往东道国开展运营和管理工作。因此，中国企业在中国国内形成的竞争能力只能部分转移到东道国市场，而这部分可转移的竞争能力成为企业在东道国市场获得发展的关键能力。

在第三个阶段，由于中国与东道国在文化、制度、地理、经济等方面存在诸多差异，中国企业并不具备某些东道国要求的投资和运作能力。因此，中国企业需要通过各种不同形式的本土化策略来弥补不足。这些本土化策略不仅包括跨国并购、本地聘用、建立跨文化团队等方式，而且包括加强与本地企业的合作，以便形成各种不同形式的战略联盟。例如，联想佳沃通过与本地企业合作的方式，联合收购了智利的多家农场。

在第四个阶段，中国企业在国际投资发展过程中逐步积累了一定的国际化能力和经验。事实上，任何一次国际投资的成功，都表明企业成功利用了东道国的区位优势，实现了企业的发展目标，也使企业积累了更强的国际化能力。例如，国家电网外派的高管曾在菲律宾有过基建项目的运营经历，这种经历为企业在巴西的发展提供了重要支持。即使企业在海外投资中遭遇了挫折，其失败的经历也会为企业的下一步国际化发展积累宝贵的经验。例如，2003年，TCL并购了法国的汤姆逊公司，TCL的确因产业升级而出现了错误的判断，使并购结果与其预期目标相差甚远。然而，企业汲取了失败的教训，在此后的十多年时间里，TCL建立了自己的供应链体系，在降低成本的同时大大提升了企业自身对市场的反应能力。在进军北美市场的过程中，TCL敏锐捕捉到市场的进入缺口，并通过自身的价格优势和垂直的供应链体系快速打开了美国市场。从2016年开始，TCL在美国亚马逊平台上的销量超过索尼、三星、松下等国际知名品牌，TCL的产品也因较高的性价比和高质量的服务而得到消费者的认可。由此可见，这种国际化投资经验对企业的进一步发展是非常宝贵的。中国企业的实践经验与前面讲到的OLI理论、CAGE理论和CCM理论也是密切相关的。

第二节　国际投资一体化分析框架的搭建

前面我们对OLI理论、CAGE理论和CCM理论进行了梳理和评述，并且根据中国企业的海外投资实践总结了中国企业海外投资能力形成的四个阶段。我们认为，中国企业的海外投资实践在一定程度上弥补了OLI理论的不足，而CAGE理论和CCM理论也为OLI理论的完善提供了有力支持。在这里，我们在中国企业投资实践的基础上，结合OLI理论、CAGE理论和CCM理论，对OLI的理论体系进行补充和完善。

一、中国企业的海外投资实践弥补了OLI理论的不足

邓宁对OLI理论中的所有权优势（O）的拆分是最有成效的研究成果之一。然而，令人感到遗憾的是，在实践中，资产型所有权优势（Oa）与交易型所有权优势（Ot）的关系是怎样的？交易型所有权优势（Ot）又是如何形成的？这些关乎企业国际投资的关键问题，却没有在邓宁和其他学者的理论中得到进一步的阐述。

我们通过分析中国企业海外投资能力形成的四个阶段，可以

将中国企业的海外投资实践与OLI理论相结合，并进行如下分析。

在中国企业海外投资能力形成的第一阶段，中国企业在国内发展过程中积累的竞争能力主要属于交易型所有权优势（Ot）。当然，如果我们进一步结合OLI理论的动态化分析，那么资产型所有权优势（Oa）就是企业每一次实施对外投资前的已积累的能力，其中既包含企业在国内积累的能力，又包括企业在前期国际化活动中已积累的国际化能力。

在中国企业海外投资能力形成的第二个阶段，即中国企业在国内积累的能力向东道国转移的阶段，实际上是中国企业在国内形成的能力可以部分转移到东道国的阶段。也就是说，Oa（资产型所有权优势）中只有一部分可以转移到东道国，我们将其命名为"Oat"（Asset Ownership Advantages Transfered），即"可以转移的交易所有权优势"。

我们再进一步分析中国企业海外投资能力形成的第三个阶段。由于中国和东道国之间在文化、制度、地理、经济等方面存在诸多差异，中国企业需要通过各种不同的本土化策略来培养企业在东道国的竞争能力。这种能力中国企业在国内并无积累，而需要通过本土化策略来实现，我们将其命名为"Oht"（Transaction Ownership Advantages Created In Host Countries），即在东道国培养起来的"可交易的所有权优势"。

最后，根据OLI理论，Ot是来自企业有效协调和整合国内外资产的优势。事实上，Ot是企业在东道国最终形成的竞争能力的组合，它是由Oat与Oht共同组成的，用公式表示就是：Ot = Oat + Oht。

我们认为，在中国企业的海外投资实践中，从本国发展过程中的能力积累到东道国市场上综合能力的形成，这一过程正是从投资前的资产型所有权优势（Oa）到东道国交易型所有权优势（Ot）的形成过程。这就很好地解释了OLI理论中Oa与Ot之间的关系，也进一步解释了Ot的形成过程。

二、CAGE理论与CCM理论为OLI理论的发展与完善提供了支持

事实上，上面所描述的中国企业海外投资实践中从Oa（资产型所有权优势）到Ot（交易型所有权优势）的过程，就是企业减少差异影响并在东道国市场形成综合竞争能力的过程。虽然邓宁明确指出，Oa在本国就有可能形成，但在母国已经形成的Oa不能很好地体现企业在东道国的实际投资过程中，而Oa向东道国转移的主要障碍就是CAGE理论中描述的母国与东道国之间的各种差异。企业的跨国协调能力和整合国内外资源的能力，是指企业通过采取外派具有国际化背景的团队，采用本地雇用、本地生产等本土化策略来积累自身适应本地市场需要的投资能力，其主要内容正是CAGE理论和CCM理论中为减少各种差异影响而进行的各种尝试。虽然当前的理论具有一定的局限性，但它们却为跨国企业的投资发展指明了方向。

三、国际投资一体化分析框架的理论意义和实践价值

根据以上论述，我们总结出了企业国际投资的一体化分析框架（如图1.3.1所示）。

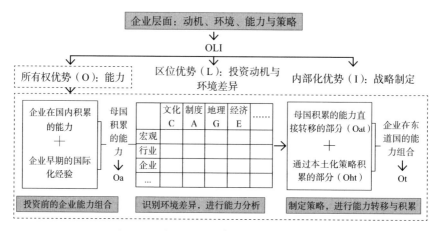

图1.3.1 企业国际投资的一体化分析框架

资料来源：由笔者自制。

在完善OLI理论体系的基础上，进一步搭建企业国际投资的一体化战略分析框架，具有非常重要的理论意义和实践价值。

从理论上讲，我们对OLI理论进行了有益补充，重点是根据中国企业的实践经验来完善其内部化优势。国际投资一体化分析框架的建立，无疑会更形象、更清晰、更完整地展现完善后的OLI理论体系。因此，国际投资一体化分析框架也就成为OLI理论

体系的一个重要组成部分。

　　从实践上看，设置国际投资一体化分析框架的目的，是为从事国际投资的企业提供一个一体化的战略分析思路，从而使原本复杂的分析过程呈现出更加清晰的逻辑结构和逻辑步骤，便于企业进行战略分析，为后续的发展指明方向。在这里，我们更想强调的是国际投资的一体化战略分析框架的实践价值。因此，在下面的章节中，我们将会围绕国际投资的一体化分析框架对企业投资实践的指导意义进行重点阐述。

第三节　对国际投资一体化分析框架的解读

企业的海外投资是一个复杂的过程。面对全球化深入发展的世界格局，面对具有不同开放程度的东道国及其投资环境，企业在考虑国际投资项目时必然要进行投资前的战略分析。利用国际投资一体化分析框架进行国际投资的战略分析，要以OLI理论为起点，进一步分析东道国的区位优势与投资环境，分析企业的所有权优势，分析企业的内部化优势及内部化过程。之后，我们对企业的某一次具体投资行为进行分析。

一、OLI理论是国际投资一体化分析框架的起点

我们认为，OLI理论具有合理的逻辑内核，即企业需要具备三种优势：所有权优势（O）、区位优势（L）和内部化优势（I）。因此，我们应该把OLI理论当成国际投资一体化分析框架的逻辑起点。当跨国企业面对一个国际投资项目时，该企业的管理者需要回答以下三个问题：

第一，企业的投资动机是什么？或者说，东道国的区位优势（L）有哪些？

第二，企业具备的所有权优势（O）有哪些？或者说，企业

已经积累了哪些能力？

第三，企业是否需要通过跨国投资的方式来利用东道国的区位优势（L）？也就是说，企业在贸易、技术许可等诸多国际化的方式中，跨国投资是不是最好的方式？如果需要进行跨国投资，企业应该采取怎样的策略来积累它在东道国发展的能力？

二、对第一个问题的解读

第一个问题是，企业的投资动机是什么？或者说，东道国的区位优势有哪些？对这个问题的解读，实际上是对区位优势与投资环境的解读。针对这个问题，我们可以借助OLI理论以及与投资环境相关的分析工具来回答。企业在进行海外投资之前，首先需要明确自身的投资动机。根据OLI理论的相关阐述，东道国需要具备一定的区位优势，包括东道国在投资环境、经济政策等方面的优势，主要表现在东道国的地理位置、生产要素的相对价格、市场需求、运输与通信成本、基础设施、成熟的市场体系、政府调节和干预程度、优惠政策等方面。虽然OLI理论关注到投资环境在东道国的区位优势中占有重要位置，但该理论并没有就投资环境本身展开讨论。企业在实际的投资环境分析中，需要进一步借助更实用的投资环境分析工具，如国际组织提供的分析指数等。此外，我们通过对中国企业的实地调研与分析后发现，东道国投资环境中的舆论因素往往会对企业在东道国的投资与运营产生重大影响。因此，我们有理由进一步提醒中国从事海外投资的企业，除了关注东道国的区位优势，还要特别关注东道国的舆论环境。

三、对第二个问题的解读

第二个问题是，企业具备的所有权优势（O）有哪些？或者说，企业已经积累了哪些能力？对这个问题的解读，实际上是对企业投资能力的解读。回答这个问题要从OLI理论分析中的Oa（资产型所有权优势）入手，也就是说，企业要对投资前已经积累的能力进行分析。这些能力既包括企业在国内发展过程中已经积累起来的能力，又包括企业在前期国际化活动中积累的国际化能力。

接着，我们需要进一步分析Oa（资产型所有权优势）是否能够转移到东道国并支持企业在东道国的发展。若企业无法完全转移自身在国内积累的能力，企业就要通过采取本土化策略来培养适应东道国市场的竞争能力。企业从国内转移过来交易所有权优势（Oat）和企业在东道国通过采取本土化策略培养起来的可交易的所有权优势（Oht），共同组成了企业的交易型所有权优势（Ot）。

四、对第三个问题的解读

第三个问题是，企业是否需要通过跨国投资的方式来利用东道国的区位优势（L）？对这个问题的解读，实际上是对企业内部化过程的解读。针对这个问题，我们需要通过企业能够获取的优势来判断。企业内部化优势分析的逻辑起点是企业是否需要采用对外投资的方式。我们以沃尔玛为例，由于沃尔玛这种零售业的商业运作模式决定了这种类型的企业一旦要对外拓展业务，就必然要在东道国开设门店，这种模式的实现必然要通过投资、设店、完善基础设施等手段来完成。

企业确定了跨国投资是最佳方式，就需要进一步研究实现投资的战略方案，那就需要对东道国的投资环境和竞争环境进行分析，明确企业在东道国市场的投资、运营以及需要具备的综合能力。首先，与母国相比，东道国往往存在各种差异，这些差异会阻碍企业将国内积累的能力向东道国转移。因此，企业要结合东道国和母国之间存在的具体情况进行分析。其次，企业需要对"国内积累的Oa（资产型所有权优势）是否能够转移到东道国"这一问题进行分析。由于东道国的投资环境与国内的环境不尽相同，在国内环境下培养起来的投资能力也许并不能应用到东道国的投资环境中。最后，如果企业在国内积累的能力无法完全转移到东道国，对于无法转移的部分能力，企业需要考虑通过实施本土化策略来培养自身在东道国市场的发展能力。

如前所述，尽管中国企业是对外投资领域的"后来者"，在走向海外的过程中面临诸多挑战，但中国的一些先锋企业经历了长期的艰难探索，已经积累了相应的能力，能够在东道国发挥自身的优势，并通过本土化策略实现了自身在东道国的发展。在此背景下，2013年，习近平主席提出了"一带一路"倡议。"一带一路"倡议以"共商、共建、共享"为基本原则，秉持"和平合作、开放包容、互学互鉴、互利共赢"的合作精神，希望通过"政策沟通、设施联通、贸易畅通、资金融通、民心相通"来实现构建"人类命运共同体"这一伟大目标。作为一种合作型倡议，"一带一路"倡议为中国企业对外投资实践提出了明确的政策方向。它向世界表明了中国希望和平融入世界、与世界合作共赢的积极态度。

然而，受到国与国之间多种差异的影响，"一带一路"倡议的实际内涵往往没有被理解，反而遭到各种质疑，这为中国企业的海外发展带来了一些挑战。因此，在本书的第三篇，我们将从国际投资的视角对"一带一路"倡议的内涵进行解读，就世界各个地区（包括拉美地区）的主要舆论进行分析和回应，并对"一带一路"项目的落地机制进行探讨，为"一带一路"在拉美地区的建设提供相关对策和合理的建议。

第二篇　中国企业在拉美地区的投资实践

自2004年开始，中国对外投资的步伐明显加快。中国企业作为"后来者"，遇到了前所未有的挑战，但在长期的对外投资经历中，它们也积累了与国际化相适应的能力和经验，实现了自身与东道国企业的互利共赢。在本篇，我们选取了三个典型的案例来分析中国企业的能力基础及其在拉美地区的投资实践。这三个案例分别是：同方威视投资阿根廷，联想佳沃投资智利以及国家电网投资巴西。这三个案例在企业层面、行业层面和国家层面都具有一定的代表性，因此，我们分析得出的结论也具有一定的说服力。

从企业的性质角度看，同方威视和国家电网公司都属于国有企业，联想佳沃则是私营企业；从企业投资所属的行业来看，同方威视、联想佳沃和国家电网分别涉及安全、农业以及电力这三个不同的行业；从投资环境角度来看，这三个企业分别涉及阿根廷、智利和巴西这三个不同的拉美国家，这三个国家的经济发展和市场特征在拉美地区也具有一定的代表性。

在本篇的案例分析中，我们遵循前面提到的国际投资一体化分析框架（见图1.3.1）。第一，在宏观层面上，我们从投资环境评价开始，把握这三个国家投资环境的特点，为后续的案例分析奠定基础。第二，在中观层面和微观层面，我们根据已有的OLI理论框架，分析这三个企业在国内早期发展过程中积累到的能力（即国内发展过程中积累的能力和早期国际化过程中积累的能力），这将能够帮助我们分析企业前期积累的哪些能力可以转移到东道国。第三，我们对这三家企业在拉美地区的具体投资过程进行分析和解读。首先，我们客观阐述这三家企业在三个典型拉美国家中的投资过程，以及东道国对它们的评价，以便真实展现企业在当地的投资形象和投资效果。接着，我们对这三个投资案例进行分析，结合实际的调研体会和对投资环境的评价，分析各东道国具备的区位优势、企业最初的投资动机以及企业直接从国内转移过来的投资能力。根据我们之前提供的分析框架，企业在投资过程中会因为东道国和母国之间存在诸多差异而使企业的部分能力无法直接转移到东道国。因此，企业通常会采取相应的本土化策略（如木地雇佣、与本土企业合作等）来积累相关能力。基于这个逻辑，我们会从实践调研的角度分析东道国与中国之间存在的差异，阐述企业为减少各种差异影响而所采取的本土化策略。最后，我们根据这三个案例得到的启示，回答"中国企业是否具备真正的投资能力"以及在"一带一路"倡议背景下中国企业的对外投资动机等问题，并尝试探讨中国企业在国际化过程中为减少各种差异影响而采取的具体应对策略。

第一章

中国企业投资阿根廷

阿根廷位于南美洲东南部，国土面积次于巴西，是拉美地区的第二大国，也是拉美地区的第三大经济体。作为一个新兴市场经济体，阿根廷因其拥有丰富的自然资源和推行开放的经济政策而吸引众多外资。2017年，阿根廷政府表示，愿意积极参与"一带一路"建设，这也给中国企业投资阿根廷带来了新的机遇。

第一节　阿根廷投资环境分析

我们首先利用联合国贸易和发展会议（United Nations Conference on Trade and Development，UNCTAD）提供的相关数据来分析阿根廷在全球（包括拉美地区）的引资情况。接着，我们采用权威机构发布的相关数据对阿根廷的投资环境进行分析。这些数据包括：世界经济论坛发布的《全球竞争力报告》，世界银行发布的《营商环境报告》，美国传统基金会发布的《经济自由度指数》等。

一、阿根廷的引资趋势和地位

从外资流入的趋势看，1970—2018年，阿根廷的外资流入出现了较大的波动性（如图2.1.1所示）。

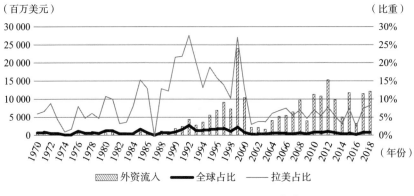

图2.1.1　1970—2018年阿根廷的引资情况

数据来源：UNCTAD. [2021-8-18]. https://unctadstat.unctad.org/wds/ReportFolders/reportFolders.aspx?sCS_ChosenLang=en.

在20世纪90年代之前，阿根廷外资流入呈现出缓慢的增长趋势。从20世纪90年代开始，梅内姆政府实行了大胆开放的政策，外资可以享受"无差别待遇"。同时，政府颁布了《自由兑换法案》，宣布比索①和美元挂钩，汇率固定为"1∶1"。新制度的推行使阿根廷的货币汇率持续保持稳定，更多的外资流入了阿根廷

———————

① 比索（peso）是一种主要在西班牙殖民地使用的一种货币单位。目前，流通量最大的以"比索"为名称的货币是墨西哥比索。

市场。因此，阿根廷的外资数量在1999年达到了高峰，占拉美地区外资总额的25%。此后，受整个拉美地区经济衰退的影响，加上巴西、秘鲁等国经济危机的冲击，阿根廷的外资流入不断下滑，外资比重出现了明显的"断崖式"下跌。在经济危机时期，巴西货币雷亚尔对美元的汇率急剧下降，因此，阿根廷的出口产业遭受到重大打击，外国企业对阿根廷市场缺乏信心。阿根廷继巴西经济危机爆发之后，于2001年也爆发了债务危机，外资流入数量进一步下降。之后，阿根廷的外资流入开始出现波动式增长。然而，国际金融危机的出现又一次使阿根廷的经济遭受了严重的打击。2009年，在阿根廷政府实行外汇管制措施和一系列高福利政策的背景下，部分外商不得不追加投资。因此，阿根廷的外资数量开始增加，并在2012年达到了新的高峰。2015年，阿根廷政府放开了外汇管制，导致部分资本"外逃"，因此，阿根廷的外资流入数量在2016年出现了明显的下滑趋势。2017年，阿根廷政府正式宣布，愿意参与"一带一路"建设，中国企业也加大了对阿根廷的投资力度，因此，阿根廷的外资数量又出现增长。总体上看，进入21世纪，阿根廷的外资流入呈现波动状态，其引资地位在拉美地区排名较低。近年来，阿根廷的引资情况有明显好转。

二、对阿根廷投资环境的评价

（一）《全球竞争力报告》对阿根廷投资环境的评价

《全球竞争力报告》重点关注全球各经济体的综合竞争力。如表2.1.1所示，阿根廷的全球竞争力从2008年开始出现下降趋势。2008年，阿根廷的全球竞争力排名是第88位，到2017年，阿根廷的全球竞争力下降到第92位。从区域角度看，阿根廷在整个拉美地区的竞争力相对较低，其平均排名在拉美地区处于相对靠后的位置。

表2.1.1　2008—2018年阿根廷及其周边国家全球竞争力的排名情况

年份	阿根廷	巴西	智利	哥伦比亚	哥斯达黎加	墨西哥	秘鲁	巴拿马
2008	88	64	28	74	59	60	83	58
2009	85	56	30	69	55	60	78	59
2010	87	58	30	68	56	66	73	53
2011	85	53	31	68	61	58	67	49
2012	102	48	33	69	57	53	61	40
2013	104	56	34	69	54	55	61	40
2014	104	57	33	66	51	61	65	48
2015	106	75	35	61	52	57	69	50
2016	104	81	33	61	54	51	67	42
2017	92	80	33	66	47	51	72	50

数据来源：世界经济论坛. 全球竞争力报告[EB/OL]. (2019-12-16) [2021-8-18]. https://www.weforum.org/reports?utf8=%E2%9C%93&query=global+competitiveness.

根据表2.1.2，阿根廷在2017—2018年的全球竞争力排名是第92位（全球共有137个国家参评），在拉美地区排第11位（拉美地区共有19个国家参评）。从细分指标上看，与拉美地区其他国家相比，阿根廷最大的竞争力是"高等教育"和"市场规模"，而"宏观环境"和"市场效率"是制约阿根廷全球竞争力增长的主要因素。

表2.1.2　2017—2018年阿根廷及其周边国家全球竞争力的排名情况

国家	阿根廷	巴西	智利	哥伦比亚	哥斯达黎加	墨西哥	秘鲁	巴拿马
全球排名（137个国家参评）	92	80	33	66	47	51	72	50
制度	113	109	35	117	48	123	116	74
基础设施	81	73	41	87	65	62	86	37
宏观环境	125	124	36	62	79	43	37	11
健康和基础教育	64	96	66	88	35	76	93	79
高等教育	38	79	26	66	31	80	81	88
商品市场效率	133	122	39	102	63	70	75	41
劳动力市场效率	132	114	49	88	69	105	64	76
金融市场发展	121	92	17	27	39	36	35	14
技术	66	55	38	65	45	71	86	63
市场规模	32	10	44	37	80	11	48	79
商务成熟度	78	56	50	64	35	49	80	44
创新	72	85	52	73	43	56	113	55

数据来源：世界经济论坛. 全球竞争力报告[EB/OL]. (2019-12-16) [2021-8-18]. https://www.weforum.org/reports?utf8=%E2%9C%93&query=global+competitiveness.

（二）《营商环境报告》对阿根廷的评价

《营商环境报告》旨在评估全球各经济体的营商法规及其执行情况。2009—2018年，阿根廷的全球营商环境总排名呈现出不断波动的态势（见表2.1.3），最差的情况出现在2014年，排在第126位；最好的情况为2009年和2012年，都排在第113位；而其在2018年的全球排名是第117位，在拉美地区排第18位。从细分指标来看，2018年的数据显示，与其他拉美国家相比，阿根廷在"投资者保护"方面的排名比较靠前，而在"办理施工许可""缴纳税款"以及"开办企业"等方面的表现较差。

阿根廷政府采取了一些措施，并且取得了一定的效果。例如，在"投资者保护"指标上，由2013年的第117位（见表2.1.3）

表2.1.3　2009—2018年阿根廷全球营商环境的排名情况

年份	2009	2010	2011	2012	2013	2014	2015	2016	2017	2018
全球排名	113	118	115	113	124	126	124	121	116	117
开办企业	135	138	142	146	154	164	146	157	157	157
办理施工许可	167	169	168	169	171	181	181	173	173	171
雇佣工人	130	101	—	—	—	—	—	—	—	—
获得电力	—	—	—	58	74	80	104	85	91	95
登记财产	95	115	118	139	135	138	119	116	114	117
获得信贷	59	61	65	67	70	73	71	79	82	77
投资者保护	104	109	109	111	117	98	62	49	51	43
缴纳税款	134	142	143	144	149	153	170	170	178	169
跨境贸易	106	110	115	102	139	129	128	143	111	116
合同执行	45	46	45	45	48	57	63	38	50	102
解决破产	83	86	77	85	94	97	83	95	98	101

数据来源：世界银行. 营商环境报告 [EB/OL]. (2019-10-24) [2021-8-18]. https://www.doingbusiness.org/en/reports/global-reports/doing-business-2020.

上升到2018年的43位（见表2.1.4），这主要是因为阿根廷政府在2014年提出了"债券互换计划"，允许债权人把依据海外法律发行的债券转换成依据阿根廷法律发行的债券。此外，阿根廷总统还表示，停止使用美国的梅隆银行作为受托银行，而改用阿根廷的Banco de la Nación银行，向债权人支付相关款项，此举避开了美国的干扰，保护了大多数投资者的利益。

表2.1.4　2018年阿根廷及其周边国家全球营商环境的排名情况

	阿根廷	巴西	智利	哥伦比亚	哥斯达黎加	墨西哥	秘鲁	巴拿马
全球排名（190个国家参评）	117	125	55	59	61	49	58	79
开办企业	157	176	65	96	127	90	114	39
办理施工许可	171	170	15	81	70	87	61	88
获得电力	95	45	44	81	21	92	63	18
登记财产	117	131	61	60	49	99	44	83
获得信贷	77	105	90	2	12	6	20	29
投资者保护	43	43	57	16	119	62	51	96
缴纳税款	169	184	72	142	60	115	121	180
跨境贸易	116	139	68	125	73	63	92	54
合同执行	102	47	56	177	129	41	63	148
解决破产	101	80	52	33	131	31	84	107

数据来源：世界银行. 营商环境报告[EB/OL]. (2019-10-24)[2021-8-18]. https://www.doingbusiness.org/en/reports/global-reports/doing-business-2020.

（三）《经济自由度指数》对阿根廷的评价

《经济自由度指数》旨在对全球各个国家和地区的经济自由

度进行评价，是全球最权威的经济自由度评价指标之一。2009—2018年，阿根廷的经济自由度指数一直处于相对靠后的位置（见表2.1.5），排名最差的年份是2015年和2016年，当时阿根廷正处于债务危机当中。从2017年开始，阿根廷的经济自由度指数排名有回升的趋势，当时适逢阿根廷总统换届，新任总统推行了以"以市场导向为主，减少政府干预"为原则的一系列经济改革措施，尤其是在金融投资领域，采取放开外汇管制、允许美元自由进出、重新融入国际金融市场等措施，使阿根廷经济回到了市场化的发展轨道。政府通过吸引外国投资、促进本国私人投资来推动本国经济的发展。

综上所述，阿根廷的外资流入呈现出波动性的增长态势，相关评价指标也体现了阿根廷在投资方面的优势和不足。具体来看，阿根廷的外资流入在整个拉美地区保持相对较低的水平，但近些年情况出现好转。从投资环境来看，阿根廷在整个拉美地区的竞争力相对较低，其最大的竞争力是"高等教育"和"市场规模"，而"宏观环境"和"商品市场效率"是制约阿根廷竞争力的主要因素。在营商环境方面，阿根廷在"投资者保护"方面比较靠前，而在"办理施工许可""缴纳税款""开办企业"等方面的表现较差。在经济自由度方面，2016年以后，阿根廷的经济自由度指数排名呈上升趋势，主要是因为新总统上任后采取了一系列的经济改革措施，使阿根廷的经济回到了市场化的发展轨道。

表2.1.5　2009—2018年阿根廷经济自由度排名及其细分指标的得分情况

年份	世界排名	拉美地区排名	产权保护	政府诚信	司法效率	税收负担	政府支出	财政健康	商务自由	劳动力自由	货币自由	贸易自由	投资自由	金融自由
2009	138	26	20	29	—	70.3	75.6	—	62.1	45.6	60.6	70	50	40
2010	135	24	20	29	—	69.5	75.6	—	62.1	50.1	61.2	69.5	45	30
2011	138	25	20	29	—	68.7	81.7	—	62.4	47.9	63.2	69.5	45	30
2012	158	28	20	29	—	65.5	56.9	—	61	48.9	60.7	67.6	40	30
2013	160	28	30	30	—	64.3	52.1	—	60.1	47.4	60.4	67.6	40	30
2014	166	28	15	29.5	—	63.5	49.9	—	53.9	44.9	60	68.9	30	30
2015	169	28	15	34	—	66.8	41.2	—	52.8	43.3	59.6	68.8	30	30
2016	169	28	15	34	—	66.1	51.3	—	56	43.9	44	67.4	30	30
2017	156	24	32.4	38.2	39.6	62.6	54.6	56.4	57.3	46.1	50.9	66.7	50	50
2018	144	24	40.8	32.6	44.5	65.7	55.6	52.6	56.2	43.3	51.3	70.3	55	60

数据来源：由笔者根据相关资料整理得到。

第二节　同方威视投资阿根廷

同方威视（即同方威视技术股份有限公司）成立于1997年，是一家源于清华大学，以辐射成像技术为核心，以提供高科技安检产品为主的供应商。自企业成立之初，同方威视进行自主创新，拥有全部核心技术的自主知识产权。同方威视一直以健康、稳定、协调和可持续发展为目标，其产品和服务已遍布全球150多个国家和地区，涵盖了海关、民航、城市轨道交通、铁路、公路等行业。从成立之初发展到现在，同方威视已经从一个国内的校办企业发展成为业内的著名企业。作为全球最大的安检产品供应商之一，同方威视已经得到全球众多客户的广泛认可。

一、同方威视的国际化成长之路

经过多年的发展，同方威视在国内市场上实现了快速增长。由于国内市场日趋饱和，同方威视也开始走上国际化的发展道路。

从国内的发展情况来看，同方威视的经营规模已经实现了跨越式发展，探索出了一条科技成果成功转化的现实路径。产品种类从早期单一的大型集装箱安检系统发展到现在的270多个品种。

在核心技术方面，从单能X射线成像技术拓展到了双能、双视角、快速成像、CT等多个技术领域。产品应用领域也从最早的海关拓展到了航空运输、铁路运输、公共安全等多个领域。目前，同方威视的安检产品已经覆盖了国内所有一线城市和省会城市的地铁线路，在全国高铁市场上的占有率达到80%，在全国铁路市场上的占有率超过了50%。此外，同方威视的安检产品已覆盖全国90%的民航市场。对于高端的CT产品，同方威视在机场项目的中标率更是达到100%。

从公司的国际化发展历程来看，同方威视在海外市场上取得的业绩也是其开拓创新、敢打敢拼的结果。2001年是同方威视成功进入国际市场的第一个年头。当时，同方威视要面对的第一个国际客户是澳大利亚海关，首次出口的产品是组合移动式安检设备。当时，澳大利亚海关只需要车载移动式车辆与货物安检设备的供应商。然而，在实地考察的过程中，澳大利亚海关却被同方威视的产品所吸引。于是，同方威视第一次凭借产品的优越性进入了西方国家市场。2002年，同方威视迎来了自己的第二个国际客户——土耳其海关。土耳其海关人员本来对来自中国的安检产品并不在意，但经过多次对比，他们被同方威视过硬的产品质量所打动，最终签订了供货合同。2003年，阿拉伯联合酋长国（简称"阿联酋"）邀请中国、美国和德国的安检设备供应商齐聚迪拜，阿联酋希望选择一家更好的安检产品供应商。最后，只有同方威视的产品检查出了违禁物品，并且没有出现任何故障。因此，迪拜选择了同方威视，并且增加了安检产品的采购数量。从2001年到2008年，同方威视借着国际贸易的东风，其国际化发展道路也非常平稳。然而，国际金融危机爆发后，同方威视的海外业务受到了很大的影响。同方威视开始转变发展思路，努力打造海外发展平台。同时，为了避开欧盟的反倾销调查，同方威视直接在波兰建立了工厂，雇用当地的员工，满足当地的生产要求。此外，同方威视还在欧洲建立了自己的研发中心，并且与澳大利亚的研究机构建立了合作关系。在各种"组合拳"的配合下，同方威视的业务不断增长，其市场影响力越来越大。

由此可见，同方威视的国际化发展历程离不开它之前在国内发展过程中积累的能力。同时，在海外拓展业务的过程中，同方威视积累了适应海外发展的国际化能力。下面我们主要围绕这两个方面的能力进行探讨。

（一）国内能力的积累

1."八五"项目攻关，掌握行业领先技术

作为一家高科技企业，同方威视在早期发展的过程中就通过技术创新掌握了安检核心技术。同方威视在成立之初，就跟清华大学有着很深的渊源。20世纪90年代，海关的运输方式从散装运输变成了集装箱运输，由此产生了对集装箱扫描检查的需求，同方威视的建立响应了国家的号召。在国家相关部门的指导下，同方威视承担了国家"八五"科技攻关项目，负责大型集装箱检查系统的技术研发与成果转化。"学校办企业"的模式不仅能够使同方威视利用到清华大学提供的科研平台，而且能够帮助其更好地把握技术发展方向。正是当时这种"前店后厂"的运行机制，同方威视在清华大学工物系科研团队的带领下，顺利掌握了加速器的核心技术，这为大型集装箱检查系统的成功研发奠定了基础。

固定式集装箱检查系统的成功研发加大了同方威视技术创新的步伐。当清华大学工物系科研团队顺利实现成果转化并由同方威视推出相关产品时，其他企业也在研发集装箱检查系统，但它们的技术都仅限于生产固定式产品。随着打击走私贩毒市场需求的多样化，固定式产品占地面积大的缺点逐渐显现出来，很多单位没有足够的场地来安装这种安检设备，而且这种设备本身存在建设周期长、投资大等缺点。于是，同方威视加大创新力度，并在1999年研发出了车载移动式检查系统。为了把加速器搬到车上进行检查，同方威视再次实现了技术突破，创造了"孤岛隔离"技术，成功解决了电磁干扰的问题。因此，同方威视成为世界上首个拥有车载移动式检查系统的企业。

有了固定式集装箱检查系统和车载移动式检查系统，同方威视结合两者的优势，又成功研发出第一代组合式集装箱检查系统。组合式集装箱检查系统具备前两种系统的优点，扫描穿透力更强，同时设备占地面积小，还能随时移动，投资成本大大降低。组合式集装箱检查系统的成功研发主要得益于同方威视一直以来的创新意识以及该公司对核心技术的全面掌控。一方面，同方威视在加速器的设计上进行大胆创新，实现了开放式检查，提高了扫描的精度和速度。另一方面，同方威视已经掌握了加速器的核心技术，能够根据实际需求来设计加速管，生产成本因此大大降低。

同方威视始终注重技术融合。2017年，同方威视成功研发了全球首个跨国海关查验数据共享系统，融合了大数据、云平台等多项技术，实现了多个国家、多个部门的统一查验。这个系统的成功推广标志着同方威视步入了人工智能、物联网与安检技术深度融合的新时代。

综上所述，同方威视在国内的发展离不开其特有的技术创新能力：一方面，同方威视得益于清华大学丰富的科研资源和技术研发能力；另一方面，同方威视本身具备超前的技术创新意识，在找准市场需求的基础上努力进行技术创新。

2. 发挥高校优势，采用"产学研用"模式

"产学研用"是指生产、学习、科学研究和实践运用的系统合作。"产学研用"模式是指通过利用高校和企业各自的优势，将科研资源和生产经验有机结合起来，使科研成果能够更好地转化为企业生产力的发展模式。"产学研用"模式也使同方威视的产品更加符合市场需求。从1998年同方威视成功研发出固定式大型集装箱检查系统开始，到车载移动式检查系统以及组合式安检系统的技术突破，表明同方威视的每一次创新都是符合市场需求的。"产学研用"模式相当于在大学实验室和市场之间成功

搭建了一座桥梁，这种模式使同方威视更加准确地了解到市场动向，掌握市场需求，同时能够使安检产品和技术及时得到市场的印证。

同方威视的成功还得益于其"带土移植，回报苗圃"的技术研发与成果转化模式。基于这一模式，同方威视和清华大学建立了风险共担、利益共享的互利机制，确保双方能够长期保持紧密的合作关系，这为技术研发与成果转化提供了重要保障。此外，同方威视还建立了现代化的产业基地，搭建了新型产品的开发平台，为技术研发与成果转化提供了物质基础。

随着产品需求的不断变化以及科研成果转化速度的加快，同方威视和清华大学之间的合作也越来越密切。同方威视每年拿出大量的资金来支持清华大学工物系的科研工作，通过建立学生奖学金、海外人才引进基金等方式来为清华大学的人才引进提供资金支持。此外，同方威视还建立了技术使用的回报机制，明确了校企之间的利益和责任，进一步夯实了"产学研用"模式长期发展的基础。同方威视还对清华大学很多物理前沿问题的探索提供了很大的支持。比如，同方威视与清华大学工物系、电子系等共建了危爆物品扫描探测技术国家实验室，同时捐赠了很多套安检设备。同方威视还促成清华大学工物系和马来西亚国家大学联合建立了加速器实验室。

在学科建设、人才培养等方面，同方威视与清华大学工物系展开了积极、深入的合作，实现了"六个共同"——共同投入资源，共同面向需求，共同研究开发，共同享有知识产权，共同承担风险，共同分享收益。2015年，同方威视建立了公共安全协同创新中心，搭建起了以企业为主体、以市场为导向、产学研相结合的国家级创新平台。随着企业的不断发展，同方威视提出了"同建新苗圃，播种共培育，互利齐发展"的新理念，将"产学研"拓展到"产学研用"，真正做到了"与用户合作，让用户认可"。

由此可见，通过"产学研用"合作机制的建设，同方威视和清华大学之间已经形成了良好的合作关系，并且提升了技术的快速转化能力。一方面，清华大学深厚的科研实力帮助同方威视源源不断地获得新技术，保证了同方威视在安全行业中的技术领先地位。另一方面，同方威视通过向清华大学提供研发资金和一系列的创新平台，进一步提升了学校实验室的技术研发水平。

3. 坚持自主创新，快速满足市场需求

作为一家高科技企业，同方威视坚持以市场为导向，时刻关注不断变化的市场需求。快速的市场反应能力是其始终保持行业领先地位的秘诀之一。

第一，"产学研用"模式使同方威视直接面对用户需求，并且借助清华大学的科研资源实现了技术成果的顺利转化。在同方威视成立之初，中国市场就存在对集装箱进行安检的巨大需求，中国政府希望尽快打破从欧美国家进口安检设备的垄断局面。1997年，同方威视和清华大学建立了"产学研用"创新机制，依托清华大学在相关领域的科研成果，紧紧抓住客户需求，成功研制出了具有国际领先水平的固定式大型集装箱安检系统。同方威视因此成功打破了从欧美国家进口安检设备的垄断局面，并且帮助中国海关查获了大量的毒品、违禁武器等。欧美几家同行企业对市场需求的反应较慢，研发链条较长，研发成本较大；而同方威视借助清华大学的科研力量，采用"产学研用"模式，大大减少了研发成本，提高了效率，从而抢得市场先机。"产学研用"模式能使用户的需求直接抵达企业，帮助企业快速把握市场动向。

第二，同方威视始终坚持以市场为导向，进行自主创新。1999年，同方威视快速度研发出了世界上第一个车载移动式集装箱检查系统。2004年，同方威视快速度研发出了世界上第一台X射线液体安检仪。2006年，同方威视成功研发出了世界上第一个高性能的快速安检系统。

"坚持以市场为导向，主动把握市场需求"的思路也给同方威视带来了新的挑战和发展机遇。当前，中国正在推进"一带一路"建设，全面实施"中国制造2025"的强国战略，推动国际产能合作。同方威视也认识到，在新时代背景下要因势而谋，应时而动，及时抓住新形势下的发展机遇。在当前世界贸易一体化、全球反恐的背景下，全球安检领域将会出现更大的需求。近几年，世界各国持续出现恐怖袭击事件，同方威视乘势而上，抓住新的机遇，针对性地研发出了铁路交通、海关边防、大型赛事等应用场景的智能检查设备，同时凭借其过硬的产品质量，帮助世界各国努力应对各种风险,树立了"安检行业领导者"形象。

因此,快速的市场反应能力使同方威视抓住了一次又一次的机遇,成功实现了技术突破,成为行业发展中的领导者。同时,这种能力成为同方威视后来"走出去",抓住全球安检市场新需求的关键能力。

(二)国际化能力的发展

由于国内安检市场趋于饱和,同方威视开始走上开拓海外市场的道路。在开拓海外市场的过程中,同方威视的国际化能力也得到进一步发展。

1. 提高定制化能力

定制化能力是同方威视在科技成果转化和产业化发展过程中的一项创新能力。在海外市场拓展的过程中,同方威视需要面对来自不同国家的不同需求,并根据不同的客户需求提供定制化产品及其服务。同方威视的定制化能力主要来自以下两个方面:一是此前集装箱检查系统的产业化经验以及清华大学和同方威视共同建立的产业化合作平台;二是同方威视掌握的安检核心技术。

首先,同方威视和清华大学"前店后厂"的合作形式是同方威视能够实现定制化产品研发和生产的重要保障。同方威视把清华大学工物系当成其坚实的科研后盾,并且他们在产品交付要求的时间内完成任务。

其次,由于同方威视掌握了安检核心技术,所以同方威视真正获得了开拓海外市场的主动权。在海外市场上，用户总会提出一些特殊的需求。比如，在毛里求斯，香烟走私十分严重，客户要求安检产品能够检测到香烟，同方威视马上研发出相关产品，而其他公司很难做到。早在"八五攻关"期间，同方威视就已经掌握了加速器的核心技术。现在，定制化能力的提升使同方威视获得了更多的订单，赢得了更大的市场。

2. 增强专利保护能力

技术创新能力是同方威视的发展之本，而专利保护是支持同方威视开拓海外市场、与国际同行竞争的重要保障。同方威视在海外发展过程中逐渐具备了一定的专利保护能力。这种能力主要体现在以下三个方面。第一，同方威视十分重视公司专利在海外的布局。在国内提交的相关产品的专利申请过程中，同方威视也在国外提交了同样的申请。第二，同方威视在进入国外市场之前，都会进行全面的"预警分析"，全方位评估在海外市场上专利权受到侵害的可能性，并做好相关的防范工作。第三，同方威视在国内发展过程中也很关注海外专利制度的研究和应用，在熟悉国外专利制度的情况下，努力提高自身的专利水平。

此外，同方威视非常注重研发高价值的专利技术。高价值的专利技术主要具备以下三个要素：一是技术含量高，二是专利权比较稳定，三是相关专利技术能为公司带来较好的收益。2019年，同方威视已在全球范围内提交了4 000余项专利的申请，其中国外专利就有2 000余项。

申请专利保护的目的在于保护专利权人的合法权益。同方威视也有相关的成功经验。2011年，同方威视在美国的一个专利产品的申请与英国的一个专利产品在内容上相同，当时美国专利商标局因此拒绝了同方威视的专利申请。对同方威视而言，这次专利案件的诉讼关系到该产品在美国市场的应用和推广。这次诉讼也是中国与专利制度较为发达的美国进行的一次知识产权方面的较量。最后，由于同方威视提供的相关材料更加充分、翔实，所以美国专利商标局最后判定，同方威视在美国的专利申请有效。这次诉讼的成功极大地增强了同方威视在海外发展的信心和决心。

由此可见，为了使自身的知识产权不受侵犯，同方威视不仅对海外市场进行了战略部署，同时在遇到实际的诉讼案件时，会积极采取相关的维权措施。

3. 采用本土化策略，融入当地社会环境

除了提供产品和服务，同方威视也十分注重在海外投资过程中本土化能力的培养。随着国际化进程的深入推进，同方威视也通过恰当的本土化策略来迎接各种挑战。2001年，同方威视向澳大利亚出口了第一批安检设备，从而打开了国际化发展的大门。但好景不长，2002年，同方威视在进入欧洲市场的过程中受到欧盟的反倾销调查。为了避开调查，同方威视决定在欧洲当地投资建厂。2005年，同方威视在波兰的华沙建立了第一个海外生产基地。在基地建立之初，同方威视就制定了生产制造、人力资源、企业管理、营销管理等方面的本土化策略，并且公司80%以上的员工来自波兰。目前，欧盟地区生产的安检产品已销往英国、德国、荷兰、瑞典等20多个欧洲国家。通过采取恰当的本土化策略，同方威视不仅成功避开了欧盟的反倾销调查，还在欧洲建立起了自己的生产基地。同方威视以华沙分公司作为连接中国市场和欧洲市场的桥梁，立足欧洲，走"中国智造，欧洲制造"的路子，使产品覆盖到了全球各个领域。

此外，同方威视在"走出去"的过程中也十分尊重东道国的法律法规和风俗习惯，尊重当地文化，努力学习当地语言并融入当地社会。同方威视在波兰华沙建立生产基地后，就一直履行着自己的社会责任，不仅积极参与各种市民活动，而且为当地的教育机构提供赞助。此外，同方威视连续多年为中国文化在波兰的传播活动——"欢乐春节，波兰行"提供赞助。因此，通过实行恰当的本土化策略，同方威视成功开拓了海外市场，促进了中波之间的文化融合，从而为企业在海外市场实现长远的发展奠定了良好的基础。

二、同方威视投资阿根廷的案例

南美洲的安检行业长期被欧美企业垄断，几十年来，南美洲市场上没有出现过外来企业挑战传统霸主的情况。然而，同方威视以中国市场为基础，经过多年的国际化发展，在南美洲市场率先取得了重大突破。

（一）案例描述

阿根廷作为拉美地区的第三大经济体，对毒品、违禁武器等方面给予了高度关注，政府也在努力推行相应的政策。2004年，同方威视开始进入阿根廷市场。2005年，同方威视阿根廷分公司正式成立。同方威视凭借着自身过硬的产品质量和周到的售后服务，逐渐打开了阿根廷的安检市场，其产品在海关、港口、机场、警局等领域得到应用和推广。

1. 同方威视投资阿根廷的背景介绍

"9·11"事件爆发以后，美国提出了CSI倡议[1]，要求出口到美国的货物必须经过安检大设备的仔细检查。受此影响，作为美国"后花园"的拉美地区也产生了对安检大设备的需求。在此之前，同方威视在拉美地区仅有古巴市场的业务，并且业务范围仅涉及一些扫描设备，在安检小设备领域需要面对来自发达国家同行的竞争。

虽然阿根廷的经济不大稳定，但这个国家的市场规模相对较大，资源比较丰富，人们在观念上也比较愿意接受国际先进的安检系统。同方威视自2004年进入阿根廷市场以来，就一直积极地向潜在客户推介先进的安检系统。2005年，同方威视在阿根廷注册公司，该分公司是同方威视在拉美地区的第二家分公司。

---

① CSI倡议，即美国集装箱安全倡议，是美国全球反恐战略部署的重要组成部分，目的在于防止恐怖组织或恐怖分子利用海运集装箱袭击美国。

2006年1月，在安检产品的竞标活动中，同方威视阿根廷分公司首次中标，出售了9套车载移动式安检系统，在美洲地区实现了新突破。

2012年，为了优化组织架构，同方威视阿根廷分公司进行了业务重组。为了实行区域化管理，同方威视阿根廷分公司成立了拉美中心业务一部，负责阿根廷、智利、玻利维亚、乌拉圭、巴拉圭等市场的产品推广和售后服务工作。

实现业务重组后，同方威视阿根廷分公司的经营水平有了很大的提升。2013年，同方威视阿根廷分公司获得了8套安检大设备的订单。随着公司业务的发展，同方威视阿根廷分公司的客户更加多元化。在2013年之前，同方威视阿根廷分公司的客户主要集中在海关领域，客户类型比较单一。2013年之后，同方威视阿根廷分公司在阿根廷市场上已经有了100多个客户，并且分布在各个领域。当前，阿根廷的安全部和海关是同方威视阿根廷分公司的两大核心客户。2018年，二十国集团（G20）峰会在阿根廷召开，同方威视阿根廷分公司为G20峰会提供了200多套多种类型的安检设备和两套车辆检查系统，为峰会的顺利开展提供了安全保障，并且获得多方赞誉。

2. 同方威视阿根廷分公司的发展历程

借助我国鼓励机电产品出口的东风，同方威视的业务得到了阿根廷驻中国大使馆和中国商务部的有力支持。从市场竞争的情况来看，在小设备领域，同方威视不是先行者，主要竞争对手是来自美国的Smith公司。当前,阿根廷市场上各类安检小设备有1 000套左右,存量约有700套。通过招投标等方式,同方威视阿根廷分公司一年也能出售200多套安检小设备。与竞争对手相比,同方威视阿根廷分公司的优势主要是在产品服务方面,而Smith公司的优势是在代理方面。在国际化发展的过程中,同方威视阿根廷分公司也积极参考了其他国家的业务模式。为了解决安检小设备的库存问题,同方威视阿根廷分公司借鉴了印尼市场的成功经验,利用巴西的库存设备来解决阿根廷市场对安检小设备的需求。

安检大设备的需求在美国"9·11"事件爆发后日渐凸显,同方威视阿根廷分公司抓住了这个机遇,在2006年顺利交付了9套大型车载移动式安检系统。在大型安检设备领域,同方威视阿根廷分公司与竞争对手之间处于"交替领先"的状态。以车载移动技术为例,车载移动技术是由竞争对手研发出来的,但同方威视阿根廷分公司对市场进行了细分,并根据不同的客户需求对产品进行了改进。这主要得益于同方威视阿根廷分公司在国际化发展过程中培养出来的定制化能力。同方威视阿根廷分公司能够及时根据市场需求对产品进行重新设计、研发和生产。

同方威视阿根廷分公司在阿根廷市场上的产品销售模式以直销为主。直销的优点主要有以下两点:一是减少了中间环节,能够及时了解客户的需求;二是产品的价格更低,产品更有竞争力。由于阿根廷市场客户数量有限,安检产品本身比较特殊,所以同方威视阿根廷分公司主要关注阿根廷国家层面的需求。今后，同方威视阿根廷分公司要把业务范围扩大到省级网络，寻找可靠的代理商是公司未来的发展方向。同方威视所处的大安全行业的融合趋势越来越明显，竞争与合作并存。在阿根廷市场上，除了同方威视，华为、大华等公司也占有一定的份额，在代理方面有丰富的经验。如果需要寻找代理商来拓展省级业务，同方威视也会考虑与华为、大华等企业合作，共享分销渠道，共同扩大业务范围。

在刚进入阿根廷市场时，同方威视阿根廷分公司的主要业务是推介自身的安检设备。随着市场需求的多样化，同时凭借国内的技术创新以及在国际化发展过程中积累的定制化能力，同方威视阿根廷分公司开始结合阿根廷本地市场的客户需求，对产品进行改进，并在食品检测、矿物检测等领域开拓出了新市场，提升了企业的市场竞争力。我们以背散射技术为例，由于全球普遍存在对隐私权的保护问题，同方威视成功研发出了背散射技术，并通过同方威视阿根廷分公司在阿根廷市场上实现了销售目标。与以往的人体安检技术相比，背散射技术具有快速过检、隐蔽过检等特点，解决了在安检过程中隐私权的保护问题。

除了直销和代理模式，租赁模式也是同方威视阿根廷分公司推出的一种非常重要的服务模式。这也是分公司的优势之一。同方威视在巴西有自己的工厂，在阿根廷也有自己的备件仓库，因此，对于流动性设备需求，同方威视阿根廷分公司能够及时把库存产品以租赁的方式送到客户手中。租赁模式的创新不仅发挥了库存产品的作用，减少了管理成本，而且满足了当地客户对安检设备短期使用的需求。

从同方威视在阿根廷市场的发展过程来看，每次技术创新和业务模式的创新都与公司早期积累的能力密切相关。在初级阶段，同方威视阿根廷分公司利用产品物美价廉、性价比较高的特点快速进入了阿根廷市场，并不断借助技术优势和成本优势努力开拓市场，为当地客户提供高质量的产品和服务。随着业务的逐步深入以及企业自身能力的增强，同方威视阿根廷分公司又结合客户的实际需求，采取了多种业务模式。这是企业发展到一定规模后的必然结果，也是企业突破业务瓶颈的有效手段。

3. 同方威视阿根廷分公司的运营情况

2018年，G20峰会在阿根廷召开，为阿根廷安检市场带来了新一轮的需求，同方威视阿根廷分公司也在当年实现了安检设备销量上的新突破。在各种国际赛事或会议活动中，同方威视阿根廷分公司也探索出了租赁等新型业务模式。

在同方威视进入阿根廷市场之前，当地安检设备的维修主要依靠本地的代理商。如果代理商无法解决维修问题，那就需要公司从欧美总部派遣专家上门服务，整个过程耗时较长且成本较高。同方威视阿根廷分公司成立后，便向当地客户提出了全新的服务承诺：在阿根廷首都布宜诺斯艾利斯市，任何设备出现故障，公司保证在三天内修好；在阿根廷其他地方，任何设备出现故障，公司保证在五天之内修好。

同方威视阿根廷分公司及时周到的服务模式主要得益于同方威视在国内发展过程中建立起来的技术体系。同方威视在国内发展过程中就掌握了安检核心技术，而竞争对手掌握的主要是安检集成技术，因此，竞争对手不能随意更改技术参数，更不能对产品进行升级改造。与竞争对手相比，同方威视的服务模式是以技术服务为主的模式，能够根据客户的需求进行调整。当前，同方威视阿根廷分公司在当地拥有自己的备件仓库，能够提供从售前到售后的所有服务。对于安检设备的维护，同方威视阿根廷分公司会把产品的维护服务安排好。例如，对于距离比较近的维护点，公司会选择让当地员工前去修理，而对于距离较远的维护点，公司会选择让中方员工前去修理。

（二）公司员工的评价以及当地媒体的评述

1. 公司员工的评价

同方威视阿根廷分公司目前拥有30多名员工，中外员工的比例大致为1∶4。从他们对公司的评价来看，大部分员工都肯定了公司在阿根廷安检设备领域所取得的成就，并且对公司的未来发展充满信心。

首先，公司销售人员肯定了公司在设备质量和服务方面的竞争优势。据销售人员介绍，当阿根廷边境的安检设备出现损坏时，以前的做法是：从首都布宜诺斯艾利斯市派工程师去边境维修，但来回需要5天的时间，耗时较长，效率较低；现在的做法是：公司会在边境派驻一名工程师，两天内就能完成维修任务。这种快速的反应能力很多竞争对手都做不到，主要原因在于：一方面，竞争对手在本地派驻的工程师数量有限，只能在修好一台设备之后再去维修下一台设备；另一方面，竞争对手的很多备件需要进口，而同方威视阿根廷分公司在阿根廷就有自己的备件仓库。

其次，公司员工认为，公司会根据阿根廷的市场特点来实行变通的销售策略。据销售人员介绍，与欧美市场和中国市场相比，阿根廷市场上对安检设备的需求相对滞后。同方威视阿根廷分公司在当地推介的都是现成的产品，公司也是在现有产品的基础上发展新客户。此外，根据技术人员的反馈，同方威视阿根廷分公司的负责人非常了解阿根廷市场，容易发现本地市场上存在的新需求，比如安检设备在农业领域、足球赛事等场景中的应用和推广。

最后，公司形成了中外员工友好相处的和谐氛围。公司每年年底都会举办年会，对当年的工作进行总结，并对下一年的工作任务进行规划和部署。在年会上，公司会对年度优秀员工进行表彰。

2. 外部媒体的评价

同方威视阿根廷分公司一直致力于阿根廷安全领域的设备供应，凭借高质量的安检设备和全面、周到的维护服务，得到了当地客户的普遍认可。

2017年5月，阿根廷海关人员利用同方威视提供的车载移动式安检系统，在阿根廷与智利交界的地段成功截获825公斤的毒品，并成功抓捕了特大跨国贩毒团伙。据《阿根廷日报》报道，同方威视在阿根廷境内使用的几十套设备全部运行良好，并多次受到阿根廷海关和其他客户的赞扬。

2018年8月，同方威视阿根廷分公司首次参加了在阿根廷举办的国际安防产品展览会。公司展出了在阿根廷本地生产的车载移动式安检系统，并针对拉美地区的市场特点，展出了小通道物品安检机、安检门、人体扫描仪等小设备，得到参会人员的一致好评。

2018年10月，世界青年奥林匹克运动会（简称"青奥会"）在阿根廷首都布宜诺斯艾利斯市举行。据美通社报道，同方威视阿根廷分公司为青奥会提供了近300套的安检设备。为确保盛会期间安检设备的正常运行，公司组织相关人员举办了多次培训，并安排技术人员驻守现场，提供全天候的技术保障服务。同方威视设阿根廷分公司受到了主办方和参会人员的一致好评。

2018年11月，G20峰会在阿根廷举行。同方威视阿根廷分公司向峰会提供了200多套多类型的安检设备，并且提供了24小时全天候保障服务。在峰会举办期间，公司所有安检设备运行稳定，公司因此获得了各方的高度认可，为此次国际盛会的成功举办作出了重要贡献。

从媒体评价来看，同方威视在阿根廷市场上树立起了"产品质量过硬，争创国际一流"的投资者形象。立足于阿根廷市场，同方威视阿根廷分公司也在主动开拓新市场，为致力于阿根廷安全城市的建设贡献着自己的一份力量。

三、对同方威视投资阿根廷的经济学分析

（一）阿根廷的区位优势

1. 较大的市场规模

阿根廷拥有 4 000 多万人口，是拉美地区第三大经济体，在安检领域存在巨大的需求。由于阿根廷的边境和航空管制一直比较松散，所以阿根廷成为拉美地区毒品输出国。在阿根廷边境地区，贩毒活动频繁，严重扰乱了阿根廷的社会秩序。因此，阿根廷市场对安检设备存在巨大的需求。此外，阿根廷作为拉美地区传统的足球大国，会频繁举办各种大大小小的足球赛事，给安检设备提供了新的应用场景，这就要求相关企业对安检设备进行改造和升级。

2. 深厚的人力资本

在拉美地区，阿根廷具有较高的人力资本指数（Human Capital Index）[①]。在早期，阿根廷属于西班牙的殖民地，阿根廷的移民主

[①] 人力资本指数（Human Capital Index）是全球知名人力资源公司华信惠悦（Watson Wyatt Wordwide）发明的用来计算人力资本和股东价值相关性的指标。人力资本指数的意义在于：如果公司的人力资本管理得越好，股东获得的价值回报就会越高。

要来自西班牙、意大利、德国、法国、英国等发达国家，白人占比高达超过95%。此外，阿根廷政府对教育十分重视，国民受教育的程度较高。与其他拉美国家相比，阿根廷人民更容易接受安检新产品和全新的安防理念。同时，阿根廷的员工素质较高，容易接纳和学习新型的产品技术和企业管理思想。在企业内部，员工的英语水平相对较高，能够加强企业内部的跨文化交流，促进员工之间的理解，降低企业的沟通成本，从而提高企业的经营管理效率。

3. 友好的投资环境

阿根廷政府对外资一直持欢迎态度。毛里西奥·马克里上任之后，政府对外开放的力度更大。阿根廷宪法规定，阿根廷的所有人在劳动、经商等方面享有同等的权利。阿根廷的投资环境较为宽松，外国投资者可以在各个领域进行投资。在媒体、交通等一些敏感领域，政府也允许外资进入。此外，阿根廷中央银行实行内外完全一致的金融政策，大部分国际知名的银行在阿根廷设立了分行，企业获得信贷比较容易。

（二）同方威视的投资动机与投资能力

1. 投资动机

同方威视投资阿根廷的原因在于：一方面，在国内安检设备市场渐趋饱和的情况下，企业需要寻求海外发展，获得新的突破；另一方面，美国"9·11"事件爆发以后，全球各国的反恐行动更加频繁，各国对安检产品的需求也越来越大，这为企业进入拉美地区市场带来了机遇。

安检设备领域本身具有较高的技术门槛，同方威视在早期发展过程中虽然掌握了安检核心技术，并且通过自主研发实现了多项技术突破和产品创新，但集装箱检查系统本身是一项应用场景十分狭窄的技术，应用起来非常不方便。进入21世纪，国内安检设备市场逐渐饱和。正是在这种情况下，同方威视开始走上寻求海外市场发展的道路。

2001年，美国爆发了"9·11"恐怖袭击事件，全球的安全形势突然变化，各种国际大型活动的安保力量大大增强。阿根廷对安检设备存在巨大的需求，也促使同方威视尽快进入阿根廷市场。

拉美地区的安全状况也不太乐观。根据联合国的反毒品与犯罪报告显示，自2000年开始，阿根廷的毒品走私活动更加频繁，给海关等部门带来了巨大的压力。此外，阿根廷本身也是一个足球大国，国内会频繁举办各种足球赛事活动，给安防工作带来很大的压力。因此，同方威视进入阿根廷市场，不仅满足了当地人民对安防设备的强烈需求，也为企业在整个拉美地区的发展奠定了基础。

2. 投资能力

同方威视在阿根廷投资之前已经有了技术创新能力、市场响应能力和定制化能力，并通过早期的国际化积累了一定的经验，这为企业抓住阿根廷的区位优势，实现自身更大的发展奠定了良好的基础。

在技术创新能力上，同方威视顺利进入阿根廷市场，得益于其在国内研发的高质量的集装箱扫描设备。在2004年以前，同方威视的集装箱扫描设备在整个拉美地区还没有得到应用，当地客户对该设备并不了解。当时，同方威视向阿根廷海关推介了安检大设备，并邀请阿根廷的海关代表来中国了解该产品在中国的应用情况。后来，在招投标过程中，同方威视依靠高质量的产品性能以及较低的成本优势，打败了来自欧美国家的竞争对手，得到了2 000多万美元的大设备出口订单。

在定制化能力方面，加速器技术的创新和国际化过程中积累的定制化能力，为同方威视更好地开拓阿根廷市场提供了先决条件。一方面，在"八五攻关"期间，同方威视掌握了安检核心技术，因此企业能够快速、及时地根据市场需求研发出特定性能的产品。同方威视和清华大学之间"前店后厂"的模式也减轻了资金募集的压力。另一方面，在进入拉美地区毛里求斯市场的时候，同方威视就已经积累了一些经验，这为同方威视成功进入阿根廷市场并实现本地运营奠定了良好的基础。

在市场响应能力方面，同方威视在阿根廷的成功发展也得益于其对市场需求的准确把握。同方威视自创立之初就带有很深的技术烙印，而在企业发展过程中企业领导人逐渐意识到，海外市场需求存在多样化，原先的产品无法满足海外市场的多样化需求。同方威视紧抓市场机遇,研发出了铁路交通、海关边防、大型赛事等多种应用场景下的安检设备,从而为企业进入阿根廷市场奠定了基础。

在国际化经验方面,同方威视在早期"走出去"的过程中也积累了一定的本土化经验和跨文化沟通的能力,并且培养了一部分国际化人才。在早期进军欧洲市场的时候,同方威视就曾经遭遇欧盟的反倾销调查。为了解决这一问题,同方威视不仅在华沙建立了第一个生产基地,并通过本土化策略,实现了企业的巨大发展。同方威视还十分重视跨文化队伍的建设,不仅积极参与当地的社会活动,还多次为当地的公益机构提供赞助。此外,国际化人才也在同方威视投资阿根廷的过程中发挥出了重要作用。同方威视阿根廷分公司的总经理在分公司成立之前就已经在拉美地区开展安检产品销售工作,加上自己学的是西班牙语,在语言沟通、商务谈判、跨文化团队的建立等方面积累了一定的经验。

3. 经济和文化上的差异是企业开拓海市场的主要障碍

阿根廷与中国在文化、制度、地理、经济等方面存在着诸多差异。从调研的实际情况来看,对同方威视投资阿根廷能产生较大影响的因素主要体现在经济和文化层面。

在经济方面,阿根廷的宏观经济不稳定,企业的日常经营容易受到外部冲击。受债务危机的影响,阿根廷存在高关税、高通胀、政府信用不足等问题。因此,阿根廷的宏观经济缺乏稳定性,并成为中国企业投资阿根廷的主要障碍。

在文化方面，阿根廷是比较典型的拉美国家，中阿之间的文化差异主要体现在社会层面和企业管理层面。阿根廷是个移民国家，人口主要以白人为主，其中大多数阿根廷人来自意大利和西班牙。受欧美文化和拉美球赛运动文化的影响，加上阿根廷本身拥有丰富的旅游资源和较好的自然环境，阿根廷人喜欢享受生活，工作节奏较慢。每逢周末和节假日，阿根廷人就会全身心地投入到家庭聚会和度假当中。而在中国的大都市，工作比较紧张，生活节奏较快。这种社会文化上的差异折射到企业管理层面，就会给同方威视阿根廷分公司的日常经营管理和团队文化建设带来挑战。例如，当距离市中心较远的郊区需要进行设备维修时，公司就没办法派外籍员工进行长时间的设备维修工作。

4. 企业投资经营策略

为了减少阿根廷和中国之间在文化、制度、地理、经济等方面带来的影响，同方威视阿根廷分公司采取了相应的本土化策略，并慢慢积累了适应当地发展的能力。

针对阿根廷和中国之间存在的经济方面的差异问题，同方威视阿根廷分公司采取的是"长线经营策略"，通过区域生产、拓展客户渠道和产品应用场景创新等方式来发展本地客户，减少外部因素对企业经营造成的不利影响。首先，对于阿根廷存在的高关税等问题，同方威视在阿根廷建立了自己的备件仓库。2016年，同方威视在巴西建立了第二家海外工厂，不仅大大提高了自身的国际化运营能力，而且减少了产品供应链的中间环节。其次，面对阿根廷的周期性经济危机，同方威视阿根廷分公司也做了如下工作：一方面，通过客户的多元化来抵御外部冲击；另一方面，通过不断发现新的市场需求来完善企业的经营网络。

针对阿根廷和中国之间存在的文化差异问题，同方威视阿根廷分公司采取了有效的本土化策略。首先，公司的高管由总公司委派，其他大部分岗位（如销售、法务、财务等）则由外籍员工担任。其次，在职责分工方面，公司也对安检小设备的维护服务进行了合理分配：1—2级的产品维护与服务由外籍人员负责，3—4级的产品维护与服务则由中国员工负责。这样做，不仅实现了人员的有效配置，减少了中外员工之间因为文化差异、工作习惯等因素带来的不利影响，而且提高了工作效率，培养了公司在维修与服务方面的竞争力。

5. 企业投资经营策略实施的结果

在国内积累的能力以及国际化过程中积累的经验，为同方威视"走出去"提供了有力保障。首先，在早期发展中，同方威视响应国家号召，通过"产学研用"模式，使企业获得了巨大发展。其次，同方威视因为掌握了安检核心技术，能够根据不同市场的需求对产品进行改造和升级，其定制化能力也为企业在海外发展提供了保障。最后，全面、周到的售后服务也是同方威视海外发展的有力武器。派驻员工在当地长期驻扎，提供维修与技术服务，体现了同方威视的责任和担当意识，而这也是同方威视安检设备能够在国际市场上扩大知名度的重要原因。

同方威视阿根廷分公司在当地的成功运营，是其深入了解当地市场、实施本土化策略、满足东道国市场需求的必然结果。一方面，阿根廷的投资环境不是很理想，存在高通胀、高关税、政策多变、货币长期贬值等问题，但阿根廷市场规模大，资源比较丰富，对外开放的程度相对较高。同方威视阿根廷分公司深入了解阿根廷市场和相关法律制度，抓住投资机会，采取本土化策略，并按照当地的商业习惯来开展业务。另一方面，同方威视阿根廷分公司在阿根廷的发展也满足了东道国的市场需求。阿根廷毒品走私等犯罪活动比较频繁，严重影响社会安全，同方威视也正是在这样的背景下进入阿根廷市场的。公司的安检设备多次在海关缉毒活动中有着很好的表现。此外，同方威视阿根廷分公司也根据本地市场的特点，在足球赛事、国际活动等应用场景下推出相关的安检产品，同时采取租赁、集成等新型业务模式，逐步树立起了良好的公司形象。

案例总结

在本章，我们从阿根廷的投资环境以及同方威视在国内积累的能力出发，介绍了同方威视投资阿根廷的整个过程以及员工和当地媒体的评价。在此基础上，我们进一步分析了阿根廷的区位优势、同方威视的投资动机与投资能力、中国和阿根廷之间的诸多差异、同方威视采取的本土化策略以及该企业投资发展所取得的良好效果。

受2001年债务危机的影响，阿根廷的外资流入一直呈现出波动式的增长态势。阿根廷的投资环境排名在全球并不突出，但它在某些方面存在的优势对外资企业具有一定的吸引力，比如：阿根廷的人员素质良好，市场规模较大，政府注重保护投资者的利益，经济开放水平较高，投资的自由度较高等。然而，阿根廷也存在一些问题。例如，阿根廷经济动荡，市场效率低下，政府信用不足；阿根廷政府在施工许可、缴纳税款以及开办企业等方面的支持力度不够。这些投资环境中的负面因素成为外国投资的主要障碍。

在国内早期的发展过程中，同方威视积累了行业领先的技术能力和快速的市场反应能力。在早期的国际化发展过程中，同方威视积累了定制化能力、专利保护能力和本土化发展能力，这些能力的积累为同方威视进入阿根廷市场奠定了良好的基础。

虽然阿根廷的投资环境在拉美国家当中并不突出，但阿根廷的确拥有一定的区位优势，比如：市场规模较大，人员素质较高，投资环境相对友好等。同方威视抓住了阿根廷对的安检设备需求，组建了同方威视阿根廷分公司，由此进入了阿根廷的安检领域。虽然同方威视阿根廷分公司在当地拥有一定的市场份额，但由于阿根廷和中国之间在文化、制度、地理、经济等方面存在诸多差异，企业在阿根廷的长期发展就会面临巨大的挑战。为此，同方威视阿根廷分公司采取了本土化策略，并且在当地积累了一定的市场竞争力。

从投资结果上看，同方威视满足了阿根廷政府对打击贩毒走私行为、举办大型足球赛事、召开大型国际会议等方面的需求，符合东道国的利益，实现了共赢。结合我们前面提到的企业国际投资一体化分析框架，我们得出如下结论：同方威视利用阿根廷区位优势，把握住了阿根廷投资环境的特点，并按照当地商业习惯来开展业务，最终实现了企业的发展目标。

第二章

中国企业投资智利

智利在发展本国经济的过程中，积极拥抱外资，从而吸引了全球诸多跨国企业，中国企业也不例外。智利是拉美地区第一个与中国建交的国家，与中国长期保持着友好合作关系和紧密的经贸往来。近年来，中国对智利的投资不断增加，涉及农业、矿业、基础设施等多个领域。本章将通过联想佳沃投资智利这一典型案例来分析中国企业在拉美地区的投资情况。

第一节　智利的投资环境与经济发展取向

我们先来分析智利吸引外资的情况，同时结合国际权威机构对智利投资环境的评价，进一步探讨智利的经济发展取向。

一、智利的投资环境

对于智利投资环境，我们主要从以下两个方面进行分析。第一，利用UNCTAD提供的相关数据来分析智利在全球以及拉美地区的引资趋势和地位。第二，采用国际权威机构发布的数据对智利的投资环境进行评判。

（一）智利吸引外资的趋势与地位

从智利吸引外资的整体趋势来看，自20世纪70年代开始，智利在吸引外资方面存在明显的波动性。根据智利吸引外资的情况（如图2.2.1所示），我们可以将其划分成以下五个阶段。

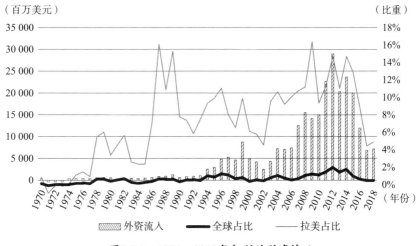

图2.2.1　1970—2018年智利的引资情况

数据来源：UNCTAD. [2021-8-18]. https://unctadstat.unctad.org/wds/ReportFolders/reportFolders.aspx?sCS_ChosenLang=en.

第一个阶段（1970—1980年），智利在吸引外资方面进行了有效尝试。1973年，智利发生军事政变，新政府采取了新的经济模式。1974年，智利政府颁布了外商投资法规，该法规对外商投资做出了明确的规定。该法规实施后，智利的外资数量出现了明显的增长。

第二个阶段（1981—1990年），智利政府采取了特别手段，以便促进外资流入。20世纪80年代初，债务危机席卷拉美地区，导致智利的外资数量锐减。面对债务危机，政府采取了更加务实的经济政策（特别是外汇政策），设计出了一整套的债务转换机制，以此方式来刺激私人企业进行投资。当时，智利政府采取的经济政策主要包括以下几个方面：允许外资采用"以债换股"的方式流入智利，并且十年内不得撤回；允许智利所有人用外汇购买国内债券；成立外商投资基金，方便外商扩大投资。从1985年开始，智利的外资数量出现了增长，并在1987年达到高峰。1985—1990年，约有80%的外资是通过"以债换股"的方式流入智利的。

第三个阶段（1991—2000年），智利吸引外资达到高潮。20世纪90年代，智利大力推行私有化改革，经济形势和投资环境进一步好转，成为外资快速增长的主要原因。

第四个阶段（2001—2012年），是智利吸引外资的"高光时刻"。进入到21世纪，智利私有化改革接近尾声，同时受到国际经济形势以及阿根廷经济危机的影响，智利的外资数量从

2000年开始急剧下降。从2003年开始，智利的外资数量出现增长趋势。2003—2012年，智利的外资数量不断增长，并在2012年再创新高，被联合国评为"2012年全球FDI增长最快的国家之一"。

第五个阶段（从2012年至今），是智利外资数量下降幅度最大的时期。在经历了前期的迅猛增长之后，从2013年开始，智利的外资流入出现下滑趋势，主要原因在于流入矿业的资金不断减少。2014年，由于并购资金的不断流入，智利的外资数量有了很大的增长。然而，2015—2017年，由于受到大宗商品价格暴跌、紧张的劳资关系以及不断增加的劳动力成本等因素的影响，智利的外资数量不断减少。

2018年，由于铜价上涨以及矿业、医疗服务和电力行业的并购，智利的外资流入出现小幅提升，外资数量为71.6亿美元。与2017年相比，2018年的FDI水平上升了4.4%。中国成为其外资流入的最大来源国，在电力、可再生能源、农业和矿业等领域，中国企业的投资不断增加。2018年，智利最大的一笔外资来自中国的天齐锂业公司，约有40亿美元。当年，天齐锂业公司收购了智利锂矿公司SQM 24%的股权。

虽然智利的国土面积在拉美地区相对较小，并且人口相对较少，但它对外资的吸引力比较强。智利的外资流入曾出现过以下三大增长期：20世纪70年代末至80年代初期，20世纪80年代中后期至90年代末，2003年至2014年。其中，2012年，智利的外资总量占整个拉美地区外资总量的16.3%（不包含免税岛的外资数量）。智利由此成为拉美地区仅次于巴西的第二大外资流入国。2015—2017年，受各种因素的影响，智利的外资流入出现持续下滑的态势。2018年以后，在以中国为主的外资拉动下，智利的外资数量所有增长。

（二）对智利投资环境的评价

1.《全球竞争力报告》对智利的评价

世界经济论坛发布的《全球竞争力报告》每年都会对全球各经济体的综合竞争力进行排名，表2.2.1显示了2008—2018年智利及其周边国家全球竞争力排名的情况。从表中的数据可以看出，智利的全球竞争力排名略有波动，但智利始终处于全球第33名左右的位置，并且始终处于拉美地区第一名的位置。在2018年的数据中（如表2.2.2所示），智利的排名处于全球第33位，在拉美地区排第一位。从各细分指标来看，智利的整体竞争力主要是由稳定的宏观经济环境、相对发达的基础设施、相对完善的市场制度和金融体系等因素共同决定的。此外，智利在"商品市场"这个指标上也具有很强的竞争力。与其他指标相比，该国在"信息通信技术应用"方面的表现相对较弱，但仍高于地区平均水平。此外，与其他拉美国家一样，智利在"创新能力"方面相对较弱。

表2.2.1　2008—2018年智利及其周边国家全球竞争力的排名情况

年份	智利	巴西	巴拿马	哥伦比亚	哥斯达黎加	墨西哥	秘鲁
2008	28	64	58	74	59	60	83
2009	30	56	59	69	55	60	78
2010	30	58	53	68	56	66	73
2011	31	53	49	68	61	58	67
2012	33	48	40	69	57	53	61
2013	34	56	40	69	54	55	61
2014	33	57	48	66	51	61	65
2015	35	75	50	61	52	57	69
2016	33	81	42	61	54	51	67
2017	33	80	50	66	47	51	72
2018[①]	33	72	64	60	55	46	63

数据来源：世界经济论坛. 全球竞争力报告[EB/OL]. (2019-12-16) [2021-8-18]. https://www.weforum.org/reports?utf8=%E2%9C%93&query=global+competitiveness.

表2.2.2　2018年智利及其周边国家全球竞争力的排名情况

国家	智利	巴西	巴拿马	哥伦比亚	哥斯达黎加	墨西哥	秘鲁
全球排名（140个国家参评）	33	72	64	60	55	46	63
制度	32	93	83	89	44	105	90
基础设施	41	81	66	83	78	49	85
信息通信技术应用	49	66	81	84	55	76	94
宏观环境	1	122	50	56	85	35	1
健康	30	73	33	35	13	56	32
技能	42	94	85	80	44	86	83

（待续）

---

① 2019年发布的《全球竞争力报告（2018）》采用了新的版本。

（续表）

国家	智利	巴西	巴拿马	哥伦比亚	哥斯达黎加	墨西哥	秘鲁
商品市场	13	117	52	85	46	54	50
劳动力市场	45	114	87	80	64	100	72
金融体系	20	57	41	53	68	61	63
市场规模	46	10	79	37	86	11	49
商务活力	46	108	71	49	80	41	92
创新能力	53	40	66	73	55	50	89

数据来源：世界经济论坛. 全球竞争力报告 [EB/OL]. (2019-12-16) [2021-8-18]. https://www.weforum.org/reports?utf8=%E2%9C%93&query=global+competitiveness.

2.《营商环境报告》对智利的评价

世界银行发布的《营商环境报告》旨在评估全球各经济体的营商法规及其执行情况。近些年，智利的营商环境在全球排名中呈现出"先上升，后下降"的趋势：先从2010年的全球第49位逐步上升到2014年的全球第34位，接着下降到2019年的全球第56位（如表2.2.3所示），这与智利外资流入的状况保持一致。

表2.2.3　2009—2019年智利全球营商环境的排名情况

年份	2009	2010	2011	2012	2013	2014	2015	2016	2017	2018	2019
全球排名	40	49	43	39	37	34	41	48	57	55	56
开办企业	55	69	62	27	32	22	59	62	59	65	72
办理施工许可	62	66	68	90	84	101	62	24	26	15	33

（待续）

（续表）

年份	2009	2010	2011	2012	2013	2014	2015	2016	2017	2018	2019
雇佣工人	74	72	—	—	—	—	—	—	—	—	—
获得电力	—	—	—	41	40	43	49	51	64	44	36
登记财产	39	42	45	53	55	55	45	56	58	61	61
获得信贷	68	71	72	48	53	55	71	79	82	90	85
投资者保护	38	41	28	29	32	34	56	36	32	57	64
缴纳税款	41	45	46	45	36	38	29	33	120	72	76
跨境贸易	53	56	68	62	48	40	40	56	65	68	71
合同执行	65	69	68	67	70	64	64	63	56	56	49
解决破产	112	114	91	110	98	102	73	58	55	52	51

数据来源：世界银行. 营商环境报告 [EB/OL]. (2019-10-24) [2021-8-18]. https://www. doingbusiness.org/en/reports/global-reports/doing-business-2020.

从上表的细分指标中我们可以看出，智利的全球营商环境排名与其"开办企业""获得信贷""投资者保护""缴纳税款"以及"跨境贸易"等指标大体保持一致。具体来看，2011—2014年，智利的全球营商环境得到明显的改善。例如，得益于在线电子系统的使用，智利在"开办企业"指标上的排名从2011年开始逐年上升。到2014年，该指标位于全球第22位。之后，智利在开办企业程序、时间和成本等方面保持稳定。在"投资者保护"方面，2011年，通过对证券法的修订，智利加强了对投资者的保护。在"获得信贷"方面，2012年，通过实施统一的法律担保制度，智利强化了担保交易制度。因此，智利获得信贷途径更加便利。2012年，智利通过实施网上海关业务电子数据交换系统，推动了跨境贸易的发展。

然而，智利的部分指标出现了明显的变化。比如，在"缴纳税款"方面，2016年智利通过提高公司所得税税率，使企业缴纳的税款大增。此外，一些细分指标与智利的全球营商环境排名趋势相悖。比如，在"合同执行"和"解决破产"指标上，从2015年开始，这两项指标的排名呈上升趋势。其中，在"合同执行"方面，智利通过引入电子系统使合同执行更加便利。通过一些特殊措施（如：简化有关清算和重组的条款，引入债务人破产期间继续经营的条款，设立负责破产程序的管理机构，建立专门的破产法院等），智利企业破产问题的解决途径变得更加便利。世界银行发布的《营商环境报告（2019年）》显示，智利的全球营商环境排名是第56位。其中，智利在"办理施工许可""获得电力""合同执行""解决破产"等方面的表现较为突出，而在其他方面表现平平，在"获得信贷"方面也处于相对靠后的位置（如表2.2.4所示）。

表2.2.4　2019年智利及其周边国家全球营商环境的排名情况

	智利	巴西	巴拿马	哥伦比亚	哥斯达黎加	墨西哥	秘鲁
全球排名（190个国家参评）	56	109	79	65	67	54	68
开办企业	72	140	48	100	142	94	125
办理施工许可	33	175	108	89	74	93	54
获得电力	36	40	30	80	38	99	67
登记财产	61	137	81	59	47	103	45
获得信贷	85	99	22	3	12	8	32
投资者保护	64	48	99	15	122	72	51
缴纳税款	76	184	174	146	57	116	120
跨境贸易	71	106	57	133	73	66	110
合同执行	49	48	147	177	121	43	70
解决破产	51	77	113	40	134	32	88

数据来源：世界银行. 营商环境报告[EB/OL]. [2021-8-18]. https://www.doingbusiness. org/en/reports/global-reports/doing-business-2020.

3.《经济自由度指数》对智利的评价

《经济自由度指数》旨在对全球各个国家和地区的经济自由度进行评价，是全球最权威的经济自由度评价指标之一。智利一直保持着较高的经济自由度，表2.2.5显示了2009—2019年智利经济自由度指数的排名及其各指标的得分情况。

智利的经济自由度排名始终处于比较靠前的位置，最好的时候（2012—2016年）连续五年排在全球第7位，在拉美地区处于首位。从各细分指标来看，智利全球排名下降的主要原因在于: 在"产权保护""政府诚信""司法效率""劳动力自由"等指标上得分较低。虽然智利是拉美地区最不腐败的国家之一,但2016—2017年发生的一系列高层丑闻事件,使智利在"产权保护""政府诚信""司法效率"这三个指标的得分下降。智利在"政府支出""财政健康""贸易自由""投资自由""金融自由"等指标上均保持相对较高的得分。此外,在商务自由方面,智利通过简化清算和重组条款,使企业破产程序变得更加简便。因此,"商务自由"指标的得分有显著的提高。

智利拥有良好的营商环境,并且经济自由度较高。具体来看,智利在以下几个方面具有较强的吸引力:宏观经济非常稳定,基础设施条件良好,法律框架和金融体系较为完善,商品市场发展程度较高,跨境贸易条件良好。此外,智利的商务自由度较高,拥有较高的商务活力,在获得电力、合同执行和解决破产等程序上都比较便利,但在某些方面(比如在创新能力、开办企业的便利性和劳动力自由等方面)仍然需要得到进一步的完善。总体而言,智利投资环境是拉美地区最好的。

表2.2.5　2009—2019年智利经济自由度排名及其细分指标的得分情况

年份	世界排名	拉美地区排名	产权保护	政府诚信	司法效率	税收负担	政府支出	财政健康	商务自由	劳动力自由	货币自由	贸易自由	投资自由	金融自由
2009	11	1	90	70	—	78.2	90.1	—	66.3	75	77.3	85.8	80	70
2010	10	1	85	69	—	77.5	89.6	—	64.8	75.4	73	88	80	70
2011	11	1	85	67	—	77.7	86.6	—	67.2	74.5	77.9	88	80	70
2012	7	1	90	72	—	77.4	82.1	—	68.6	75.1	85.6	82	80	70
2013	7	1	90	72	—	77.6	83.7	—	70.5	74.2	84.6	82	85	70
2014	7	1	90	72.3	—	76.5	83.8	—	69.3	69.3	84.1	82	90	70
2015	7	1	90	71	—	76.5	83.3	—	69.3	67	85.6	82	90	70
2016	7	1	85	73	—	74.8	83.1	—	72.1	64.3	82.9	86.4	85	70
2017	10	1	68.2	70.5	63.7	77.6	82.2	96.1	72.3	64.3	82.2	86.4	85	70
2018	20	1	67.9	61.2	63.4	78	81.3	91.7	72.4	60.4	82.4	88.7	85	70
2019	18	1	68.7	62.3	56.3	77.3	81	89	76.6	65	84.5	88.8	85	70

数据来源：由笔者根据相关资料整理得到。

二、智利的经济发展取向

在吸引外资的过程中,智利对全球化有着更深的思考,并且有明确的经济发展取向。

从经济政策的变化上看,智利政府就像一个逐渐趋于稳定的钟摆,在经济中的角色趋于稳定。与此同时,外资在智利的经济体系中扮演着重要角色,其作用更加突出。

智利强调以市场配置为主导,由政府制定规则,并在其能力范围内解决市场失灵的问题。同时,智利政府大力支持中小企业的发展,重点发展农业、渔业、矿业和旅游业。近年来,智利开始积极鼓励和培养企业家精神,并设立专门的机构(如Start-up Chile),鼓励域外创业者来智利设立新企业。当前,智利政府的施政要点主要归纳为以下有五个方面:第一,增加就业,着力恢复经济增长;第二,打击各种犯罪活动;第三,改善医疗服务;第四,提高教育水平;第五,为儿童、妇女、老人、残障人士等提供更多的保障,重视边远山区和农村地区的发展。政府在经济发展中发挥了重要作用,这也是其社会发展取向。智利非常重视公民权利与机会中等的社会发展目标,因此,我们在关注智利投资环境的同时,需要正确把握智利经济发展与社会发展之间的平衡关系。

第二节　联想佳沃投资智利

佳沃集团有限公司（简称"佳沃"）创立于2012年，是联想控股股份有限公司（简称"联想"）旗下的现代农业和食品产业的战略投资平台。2013年，佳沃与智利的合作伙伴一起并购了智利的五个水果农场，促进了智利水果对中国的出口。本节将以佳沃投资智利农业为例，分析该企业对智利投资的合理性。

一、联想的国际化成长之路

联想创立于1984年，是佳沃的母公司。联想开始是在IT领域起步，最后发展成为多元化的大型投资控股集团。经过多年的积累，联想在品牌建设、资源整合、渠道拓展和融资能力等方面有了一定的规模。

（一）国内能力的积累

联想国内能力的积累可以分为以下三个阶段：以电脑业务为基础的早期发展阶段（1984—2000年），多元化发展的初步尝试阶段（2001—2009年），大型投资控股集团的多元化发展阶段（2010年至今）。

1. 以电脑业务为基础的早期发展阶段（1984—2000年）

在这一阶段，联想通过海外代理和自主品牌研发，积累了品牌、资金、渠道、管理等方面的能力以及相应的人才。

1984年，在改革开放的大背景下，中国科学院计算技术研究所投资创办了 "中国科学院计算技术研究所新技术发展公司"（即 "联想" 的前身）。从1985年开始，该公司通过代理销售IBM、AST、惠普等品牌的电脑来开拓电脑市场。1986年，该公司通过自主研发，推出了第一个拥有自主知识产权的产品——联想汉卡，"联想" 这一品牌由此而来。联想汉卡在1988年荣获中国国家科技进步奖一等奖，并对公司发展电脑代理业务起了很大的作用。1989年，北京联想集团公司正式成立。

1990年，国内第一批联想自主研发的电脑投放市场，标志着联想由一个进口电脑产品的代理商转变成为一个拥有自主品牌的电脑生产商和销售商。20世纪90年代以后，中国的电脑市场格局发生了巨变，国家取消了进口批文，关税大幅下调，大批量的国际知名电脑纷纷涌入中国市场。在此背景下，面对国外品牌的激烈竞争，联想仍然坚持发展自主品牌。联想几经坎坷，一路成长，最终探索出了一条具有 "联想特色" 的产业化发展道路。1996年，联想电脑在中国市场上的占有率排在首位，联想的IT产品代理业务在国内市场上也有一定的优势。1998年，第一家联想电脑专卖店在北京正式开业，自此，联想开始建立庞大的电脑专卖店体系。接着，联想推出了 "幸福之家" 软件，联想电脑的市场占有率得到大大提升。

在这一阶段，联想依靠代理业务积累了资金，研发出了自主品牌，开拓了市场渠道，并且在实践中形成了以"建班子、定战略、带队伍"为核心的"领导力三要素"，努力推进企业机制改革，并且培养出了一大批优秀人才，为联想的可持续发展打下了坚实的基础。

2. 多元化发展的初步尝试阶段（2001—2009年）

在这一阶段，联想专注电脑业务的同时，确立了新的发展愿景，希望成为一家在多个行业拥有领先地位的投资控股集团。为了让自有品牌和代理分销这两大业务板块能有更大的发展，联想分成两家子公司：一是负责自有品牌业务的联想集团，二是负责代理分销业务的神州数码。2003年，联想集团将企业标识由"Legend"改为"Lenovo"，使联想品牌与国际接轨。

为了降低高科技行业的风险，联想希望借助"资金+管理"的模式进入新的业务领域，因此，联想开始对投资领域进行探索。2001年，联想旗下的投资公司（即"君联资本"）成立，开始了在投资领域的新征程。随后，联想成立了弘毅投资公司（简称"弘毅投资"），进入私募股权投资（PE）领域。接着，联想成立了北京联想之星投资管理有限公司（简称"联想之星"），进入创业培训及天使投资领域。

这一阶段，联想在传统IT领域的专注发展，并在投资领域的初步试水，进一步提升了企业的品牌优势。而且，联想的管理能力在实践中不断得到提升。在中科院的大力支持下，联想成功实施了股份制改造，引入优质资源，不断完善法人治理结构，为联想的持续发展注入了活力。

3. 大型投资控股集团的多元化发展阶段（2010年至今）

在这一阶段，联想逐步进入战略投资领域，构建了"战略投资+财务投资"的双轮驱动业务模式，进一步增强了资金实力、品牌建设能力、管理能力、资源整合能力和渠道控制能力。

2010年，联想制定了中期战略目标，希望成为上市投资控股公司。在中期战略目标的指引下，联想扩大投资领域，进一步聚焦于金融服务、创新消费与服务、农业与食品及新材料等领域。2010年，联想创立了金融服务企业拉卡拉支付股份有限公司（简称"拉卡拉"）。目前，拉卡拉已成为综合性的金融服务平台。同年，联想投资神州专享北京汽车租赁集团有限公司（简称"神州租车"），为其带来跨越式发展。2014年9月19日，神州租车在香港地区挂牌上市。2012年，联想成立了佳沃集团，推出"佳沃"品牌，希望整合全球优质资源，为消费者提供安全性强、品质较高的农产品和食品，引领和推动中国现代农业的发展。同年，联想创立增益供应链有限公司（简称"增益供应链"），进入新材料领域。这些新的业务板块与联想传统的电脑业务板块共同构成了联想的主要业务板块。

（二）国际化能力的发展

联想[1]的国际化之路大致可以分为以下两个阶段：以贸易为主的海外市场开拓阶段（1984—2003年）；以并购为主的国际化业务快速发展阶段（2004年至今）。

1. 以贸易为主的海外市场开拓阶段（1990—2003年）

在这一阶段，联想通过在海外设立分支机构等方式，逐步搭建起海外市场销售网络，并初步积累了国际化的经验，扩大了"联想"品牌的国际影响力，同时积累了资金，提升了企业的管理能力和渠道控制能力。

在初创时期，联想通过代理业务，不仅仅积累了资金和相应的管理经验，而且积累了一定的市场渠道拓展经验。到了20世纪90年代初，为了更好地开拓国际市场，联想进行了国际化布局，相继在美国、法国、德国、英国、荷兰、奥地利、西班牙等国家设立了分公司。1994年，联想出口了500万套主板，约占全球市场的10%（王光辉等，2011）。2000年，联想电脑在亚太地区（不含日本）电脑市场上的份额排第一位，联想因此步入"全球十强电脑厂商"的行列。同年，联想开始在欧洲等地区销售联想笔记本电脑。联想采用的国际化策略主要包括以下几个方面。第一，在产品定位方面，联想笔记本首先定位于高端市场，在高端市场

---

① 为了表述方便，我们这里将联想旗下所有公司统称为"联想"。

站住脚后,再向低端市场发展。第二,在售后服务方面,联想的售后服务模式也不一样。在西班牙,联想建立了自己的售后服务站,提供电脑维修服务。在德国,联想电脑的售后服务则承包给了第三方。在希腊,联想电脑的售后服务则由代理商自己负责。第三,在业务重心方面,联想在不同区域的业务侧重点会有所不同。在欧洲市场上,联想主推"科迪亚"(QDI)品牌,并开始推出一些"瘦身"产品,如掌上电脑、笔记本电脑、家庭网关等。

此外,联想还培养了一大批具有国际化视野、国际化运营能力的国际化人才,联想的国际渠道得到进一步拓展,管理能力得到进一步提升。2003年,联想集团将企业标识由"Legend"改为"Lenovo",并在全球注册,使其品牌进一步国际化。

2. 以并购为主的国际化业务快速发展阶段(2004年至今)

在这个阶段,联想通过多次并购,实现了资源的优化整合,并且积累了更多的国际化经验,提升了联想品牌的国际影响力,在技术水平、管理能力、资源整合和渠道能力等方面得到巨大提升。

2004年,联想以12.5亿美元的价格并购了美国IBM公司的全球个人电脑业务,此次并购对联想的国际化发展具有里程碑意义。2011年,联想与日本的NEC公司联合成立合资公司,共同组建日本市场上最大的个人电脑经营集团。这次强强联手,惊动业界。同年,联想通过收购德国电子厂商Medion的36.66%的股份,在德国的市场份额扩大了一倍,成为德国的第三大电子厂商。

2014年，联想并了购IBM公司x86服务器业务。同年，联想又并购了摩托罗拉公司的移动业务。当前，联想已经步入"世界500强企业"行列。

通过多次海外并购，联想实力大增，其国际化能力得到进一步的提升，其品牌影响力也进一步扩大。在这个过程中，联想积累了丰富的国际化经验，培养了一大批国际化人才。我们以联想并购IBM公司的个人电脑业务为例，联想充分发挥了双方供应商的优势，并且在供应链、财务、营销团队、渠道等方面上逐步实现了整合，从而提升了联想的国际化运营能力。例如，在品牌整合方面，联想同时推出了IBM公司的品牌ThinkPad和公司自有的品牌IdeaPad。在销售渠道整合方面，联想将国内的渠道管理经验推广到国外，同时采取"双品牌"（联想+ThinkPad）和"双模式"（渠道+大客户），并且取得了很好的业绩。总体来看，整合过程是一个相互学习、相互借鉴的过程，这个过程使联想在品牌运营、国际化经验、管理能力、资源整合和渠道控制能力等方面得到提升。

二、联想佳沃投资智利农业

联想在发展过程中积累了一定的品牌优势和商业能力，佳沃作为联想旗下的战略投资平台，在智利进行了成功投资。下面，我们对佳沃投资智利农业的案例进行深入分析。

（一）案例描述

2012年，佳沃集团有限公司创立，成为联想旗下的现代农业和食品产业战略投资平台。在公司成立之初，佳沃就在农业投资领域开展了深入的调研工作。经过研究，佳沃最终决定在高端水果行业大展身手。为了控制品质、发挥品牌优势，佳沃制定了"三全战略"，即"全产业链运营、全球化布局和全程可追溯"。目前，佳沃已经在饮品、水果、动物蛋白和食品包装等细分领域建立了全球领先的产业化发展平台。

1. 佳沃国内团队的搭建

联想通过多年的发展，已经成为相当成功的国际化企业，但对联想来说，农业依旧是一个陌生的领域。为了搭建专业团队，基于联想之前的经验，佳沃采取了以下策略。第一，在联想部分通用人才的基础上通过市场招聘，吸纳农业领域的专业人才。第二，通过企业并购或业务并购，进入水果行业产业链的上游。2012年10月，佳沃成功收购了青岛沃林蓝莓果业有限公司（简称"青岛沃林"）。2013年2月，佳沃收购了四川中新农业科技有限公司（简称"中新农业"）。其中，青岛沃林是国内最大的蓝莓生产企业，业务涉及蓝莓种苗繁育、基地种植、果品加工、销售及进出口等方面；中新农业也是国内行业领先的水果企业，在猕猴桃领域位列国内第一梯队。中新农业的业务也涉及品种引进、品种选育、种植、加工、包装、冷藏储存与运输、销售及产品深加工等环节。

2. 佳沃投资智利

在国内发展过程中，佳沃也在国外寻找发展机会，进行业务布局。在国内，佳沃只拥有北半球的水果供应链。然而，要打造一个水果品牌，迎合市场需求，就要发展反季水果业务，于是佳沃将目光瞄准了南半球。佳沃考虑到水果品质、投资环境、运营成本等因素，最终选择进入智利的水果市场。2013年，佳沃与智利排名靠前的全产业链水果出口企业Subsole公司达成战略合作协议，共同收购了智利的五家农场，种植蓝莓、猕猴桃、提子、柑橘等水果。佳沃对智利的投资是为了促进智利水果对中国的出口，满足国内民众对高端水果的需求。2007年，智利对中国的水果出口仅占智利总出口的2%。到2016年，这一比例上升至25%，并且智利取代了泰国，成为中国水果进口的第一大来源地。[①] 2017年，84%的智利车厘子都出口到了中国。此外，佳沃在促进智利投资、就业与税收方面起到了重要作用。

（二）智利投资伙伴的评价

佳沃的投资得到了智利合作伙伴的一致好评。以下是佳沃的合作伙伴Subsole公司和El Retorno农场负责人的评价。

1. Subsole公司的评价

Subsole公司于1991年成立，由企业负责人Miguel Allamand和

---

① 人民网. 智利，跃升中国第一大水果来源地[EB/OL].（2017-03-27）[2021-8-18].http://world.people.com.cn/n1/2017/0327/c1002-29170070.html.

农场主Eduardo共同创立。自公司成立以来，主要做葡萄出口生意，现在已发展成包括猕猴桃、车厘子、牛油果、柑橘、石榴等在内的多元化水果出口业务。目前，Subsole公司是智利排名非常靠前的水果出口企业。Subsole公司拥有包括农场、物流、销售等方面构成的全产业链，拥有冷链运输、二维码追踪等现代技术。通过全产业链的运作和先进农业技术的应用，Subsole公司能够有效保证水果的品质。

Subsole公司的主要负责人Miguel Allamand对佳沃非常认可。作为一家水果出口企业，Subsole公司非常看重中国市场，想找到合适的合作伙伴。Subsole公司选择佳沃有其更深层次的考虑。首先，Subsole对联想非常认可，认为联想的文化非常开放。其次，Subsole与联想的合作采用的是战略联盟式合作，这种方式更有利于促进双方的沟通和理解。此外，联想在品牌、渠道、资金等方面拥有更多的优势。

2. El Retorno农场的反馈

佳沃和Subsole共同成立合资公司后，双方分别持股65%和35%，并由Subsole公司的精干团队负责经营。El Retorno是双方共同收购的一家农场，该农场专注于提子种植。El Retorno农场在提子种植方面有很大的优势，拥有多个提子的专利产品。该农场还是一家现代化的高科技农场。比如，农场引进了澳大利亚和以色列的水处理技术，实时测控土壤的水分和营养。此外，该农场还与智利顶尖的农业大学合作，共同解决提子种植方面的各种问题。

El Retorno农场的总经理对双方的合作评价很高。他认为，中国有很大的市场，与佳沃的合作是一个巨大的机会。通过合作，智利的水果可以更快地进入中国市场。此外，佳沃更注重产品的质量，质量把控意识和能力更强。虽然双方存在一些差异，但双方都乐于沟通，并且相处融洽。

（三）对佳沃投资案例的经济学分析

下面，我们从智利的区位优势、佳沃的投资动机与能力、中智差异与跨文化管理、佳沃的投资及运营策略和实施效果等方面进行分析。

1. 智利的区位优势

（1）丰富的资源。智利的矿业资源和农业资源都非常丰富。就矿业而言，智利是全球最大的铜矿资源国，素称"铜之王国"，铜储量、产量和出口量均为世界第一。智利已探明的铜储量达2亿吨，约占世界铜储量的三分之一。[①] 为了更加充分地开采和利用铜矿资源，从1980年起，智利政府允许外商对大型铜矿进行投资。在农业方面，智利的水果品种非常丰富，包括车厘子、猕猴桃、提子等。基于天然的地理条件，依托于现代农业技术，智利成为南半球最大的水果出口国。在水产方面，智利狭长的海岸线、丰富的水域和岛

---

① 中华人民共和国外交部. 智利国家概况[EB/OL]. [2021.03.01]. https://www.fmprc.gov.cn/web/gjhdq_676201/gj_676203/nmz_680924/1206_681216/1206x0_681218/.

屿资源非常适合人工养殖三文鱼。相关资料显示，2017年，全球人工养殖的三文鱼年产量约有280万吨，而挪威和智利集中了全球80%的三文鱼产量，其中智利的三文鱼产量约有80万吨，位居全球第二。①

（2）稳定的经济调控机制。智利的通货膨胀水平始终保持在相对较低的水平。根据世界银行的数据，近十年来，智利的通货膨胀率一直控制在5%以下。此外，智利中央银行的独立性较强，政府对市场的干预程度较低。在稳定的经济调控机制下，智利经济一直保持平稳发展。当前，智利的经济稳定性在全球排第一位。

（3）高度竞争的市场经济。智利的经济自由化可追溯到1973年，当时政府引进了新自由主义的经济政策，主要策略包括：向自由市场经济转型，放开价格管制，扩大对外贸易，降低关税，加强对自由市场的保护等。2019年，智利与全球57个国家签署了双边自由贸易协定。智利还与全球很多国家签署了避免双重增税的协议。现在，智利成为世界上最开放的经济体之一。智利的外资来源非常广泛，主要投资国包括西班牙、美国、加拿大、日本、荷兰、法国、意大利、瑞士等。另外，智利还有来自巴西、哥伦比亚、墨西哥等国的投资。《经济自由度指数》相关数据显示，2019年，智利的经济自由度在全球排第18位（见表2.2.5）。

---

① 食品资讯中心. 2018年智利三文鱼业发展喜人[EB/OL]. [2018. 12.16]. http://news.foodmate.net/2018/12/498453.html.

2. 佳沃的投资动机与能力

（1）投资动机。如前所述，在进入农业领域之前，联想进行了大量的调研，看到了中国市场对高端水果的需求。为了保证水果的安全和品质，佳沃在成立之初就制定了"三全战略"。基于这一战略，佳沃要在国内搭建专业团队，多点布局，最后选择智利作为海外发展的基地。从自然条件上看，智利地域狭长，可以提供各种反季水果，而且水果的品质较好。就两国关系而言，智利是拉美地区第一个与中国建立外交关系的国家。早在2005年，智利就与中国签订了双边自由贸易协定。同时，智利政治稳定，经济自由度高。此外，智利的人工成本相对较低。

对刚刚进入水果行业佳沃来说，采取投资的方式是正确的。佳沃是一个没有任何实战经验的"新进入者"，对智利同类企业的运作模式尚不了解。佳沃只有通过投资，才能熟悉整个供应链和市场运营状况，并积累自己的优势和能力。

（2）投资能力。佳沃成功投资智利，源于联想之前积累的国际化能力。联想在国内的发展和早期的国际化发展过程中，积累了雄厚的资本、良好的管理能力、渠道开拓能力和早期的国际化经验。这些资源和能力为佳沃的发展奠定了基础。

第一，联想的品牌优势为佳沃投资智利提供了有利的支持。联想自1984年成立以来，逐渐发展成为中国领先的多元化的大型投资控股集团。尤其是在传统的IT领域，联想于2003年将企业标识由"Legend"改为"Lenovo"，并形成了一定的国际品牌影响力。佳沃作为联想旗下的投资平台,自然拥有联想独特的品牌优势。

第二,联想具备雄厚的资本和全球融资能力。佳沃的资金来自联想,而联想是一个多元化的国际企业,具备雄厚的资本和全球融资能力。联想旗下的联想集团,1994年就在香港地区上市,拥有一定的融资能力。从调研结果来看,雄厚的资金实力是其合作伙伴最看重的优势之一。

第三,精细的供应链管理和财务管理能力得到合作伙伴的认可。首先,联想深入了解水果供应链,关注细节,进行成本和质量控制。这种对供应链细节的把控能力,使佳沃在水果品质方面做得非常好。其次,联想拥有非常专业的财务团队,可以快速做出相应的财务分析报告,做好成本控制和长期规划。因此,管理能力是合作伙伴选择佳沃的一个重要因素。出于对联想的信任,合作伙伴乐意让联想的专业财务人员进入自身的财务管理系统,帮助其提升财务管理效率。

第四,借助已有渠道和专业人才来提高渠道管控能力。虽然联想的传统业务与水果业务在渠道上存在很大的差异,但联想在国内和国际化过程中所积累的渠道开拓经验是与之相通的。一方面,佳沃借助已有的成熟渠道(如永辉、大润发等超市)来拓展业务;另一方面,佳沃招聘水果领域的专业人才,结合联想自身开拓市场的经验和理念,努力开拓新的渠道(如水果专卖店等)。渠道拓展能力也是其合作伙伴看重的重要能力之一。

第五，联想早期的国际化经验为佳沃的成功并购提供助力。联想在早期国际化过程中积累的国际化经验也是佳沃成功投资智利的一个重要能力基础。佳沃在成立之初就确立了全球化发展的战略。在这种情况下，佳沃投资智利并非什么难事。

3. 中智差异与跨文化管理

中、智两国距离遥远，在文化、制度、地理经济等方面存在诸多差异。就佳沃投资智利水果行业而言，至少存在以下几个具体的差异。

第一，中、智两国在水果行业的规则存在较大的差异。在智利的水果行业，上游的话语权较大；而在中国的水果行业，市场端的话语权较大。佳沃的优势在于中国市场端的渠道优势，而对水果行业上游还比较陌生，这种差异刚好可以使双方实现优势互补。

第二，中、智两国在制度上也存在较大差异。首先，智利的水资源管理制度与中国存在较大的差异。智利是以市场为导向来管理水资源的，水权交易市场比较完善，而中国对水权的管理还是以国家行政分配为主。对水果行业来说，水资源是至关重要的因素。由于中智之间水权制度的差异以及佳沃对智利水权市场的不熟悉，当出现缺水问题时该如何处理，并不是一件容易的事情。其次，工会制度上存在较大的差异。在智利，工会的权力较大，并且是在企业之外运行。只要符合法律及自己章程规定的条款，工会就可以维护自身的权益；而在中国，工会往往是一种自上而下的集体组织，工会的主要职能在于确保企业正常的生产和运营，所以劳资关系被弱化（张敬来和孟宪忠，2009）。因此，如果佳沃投资后选择自己管理智利的五家农场，难免会遇到劳资关系的问题。此外，双方在会计制度上存在一定的差异，但在双方的有效沟通下，会计制度上的差异并没有对双方的合作造成影响。

第三，中、智两国人民在语言、生活习惯、工作节奏等方面存在巨大差异。但从调研结果来看，佳沃与合作伙伴之间并不存在明显的跨文化沟通的问题，这主要是因为佳沃和本地合作伙伴形成了战略联盟，企业管理交给了合作伙伴，所以双方的沟通主要是少数高层之间的沟通。而佳沃作为联想的子公司，本身有着开放的企业文化，高层之间的沟通也是非常顺利的。

4. 佳沃的投资及运营策略

因为中智之间存在巨大的差异，所以佳沃与智利水果行业的龙头企业形成战略联盟，共同收购了当地的五家水果农场，并且以本地管理为主开展经营活动。

首先，与当地企业形成战略联盟，是佳沃进入智利水果市场的有效方式。采用战略联盟这样的本土化策略，能够弥补企业自身的短板，形成优势互补。如前所述，佳沃的战略合作伙伴Subsole公司是一家在智利乃至全球都一定知名度的水果出口公司。该公司拥有一整条的水果产业链，有着现代化的农业技术和管理人才，对如何在智利当地的水果行业发展有着丰富的经验。

佳沃拥有中国国内的巨大市场以及品牌、渠道、管理、资金等多方面的优势，而这些正是Subsole公司所看重的。需要说明的是，与固定比例合资的模式相比，战略联盟模式本身更具合理性。佳沃与合作伙伴之间的持股比例是根据双方各自的优势来进行判定的，这种结构化的安排非常合理，有利于充分发挥各自的优势。

其次，佳沃与合作伙伴共同完成对农场的并购后，选择了本土化策略。Subsole公司派遣当地的专业管理团队进行管理，而佳沃只要把握计划的执行情况以及实地运营情况。这样的策略使一些本来比较棘手的问题迎刃而解，比如工会问题、水资源问题等。首先，在水果行业，尤其是在采摘环节，需要大量的工人，如果没有处理好相应的关系，将会带来各种问题。在水资源问题上，水资源是农场生产与发展的主要问题。通过实施本土化策略，本地的专业管理团队能够很好地解决水资源问题。一方面，农场通过打井或购买水资源的方式来获得更多的水源。其中，打井主要依靠当地人。另一方面，农场采用了先进的节水技术，已有的水资源可以得到充分利用。

5. 实施效果

佳沃对智利的投资不仅符合佳沃自身及其合作伙伴的利益，也符合中、智两国共同的国家利益。

我们先从公司利益角度进行分析。一方面，佳沃对智利的投资符合佳沃自身的利益。佳沃对智利的投资与其"三全战略"定位完全吻合。智利处于南半球，自然条件优越，农业科技比较发达，为佳沃提供了优质的反季水果。这样一来，佳沃全年都可以保持优质、安全的水果供应。同时，由于佳沃扎根于智利农业，所以佳沃在智利农业领域具有一定的谈判优势。例如，2019年7月，佳沃以较低的价格完成了对智利从事三文鱼养殖业务的上市公司Australis Seafoods的收购。另一方面，佳沃的投资也符合合作伙伴的利益。第一，对水果出口企业来说，市场是关键要素，佳沃的投资能够帮助合作伙伴更顺利地进入中国市场。第二，由于佳沃具有品牌、资金、渠道等方面的优势，智利企业与佳沃合作，能够帮助它们提高水果的出口数量。第三，佳沃对品质把控要求较高，并且能够提供资金、供应链等方面的支持。智利企业与佳沃的合作，能够保证水果品质和双方利益的最大化。第四，佳沃的母公司联想是一家国际化的大企业，拥有更加先进的财务管理体系。智利企业与佳沃合作，能够提高自身的财务管理能力。

我们再从国家利益角度进行分析。佳沃的投资符合中、智两国的利益。对智利来说，佳沃的投资首先符合智利积极拥抱外资、促进农业出口的经济发展取向。佳沃是在智利农业领域进行投资的第一家中国企业，能够带来示范效应，并鼓励中国其他企业进入智利，带动中国其他企业对智利的投资。与2007年相比，2016年智利水果对中国的出口占比增长了23%。智利因此成为中国市场上第一大水果进口的来源地。同时，佳沃对智利的投资还拉动了当地的就业和税收增长。例如，在就业方面，佳沃每年雇佣的采摘工人超过3000人，极大地促进了当地人口的就业。对中国来说，直接的效果就是满足了中国市场对反季水果的需求，对中国企业在智利的良好形象得到进一步的提升。

案例总结

在本章，我们从智利的投资环境、联想积累的能力角度出发，介绍了佳沃投资智利的全过程以及合作伙伴对佳沃的评价。在此基础上，我们进一步分析了智利的区位优势、佳沃的投资动机与能力、中智差异与跨文化管理、佳沃采取的投资及运营策略和投资效果。

自20世纪70年代开始，智利便打开国门，实行对外开放政策，并且外资在智利经济中占重要地位。尤其是在2012年，智利成为拉美地区第二大外资流入国，仅次于巴西。外资的大量流入也说明智利的投资环境比较好。在国际权威机构的评价中，智利的全球竞争力排名和经济自由度排名在拉美地区均位于第一位；全球营商环境在拉美地区排第二位，仅次于墨西哥。在经济稳定性、基础设施条件、法律体系和金融体系的完备性、商品市场效率、跨境贸易和商务自由度等方面，智利的优势非常突出。

佳沃是联想旗下的投资平台，其母公司联想在IT领域起家，现已发展成为一家大型投资控股集团，在品牌建设、管理、渠道和资金等方面积累了重要的能力，具有丰富的国际化经验，从而为佳沃投资智利奠定了基础。

智利的区位优势非常明显，丰富的资源、高度开放的市场、稳定的经济环境等给佳沃的投资提供了良好的条件。佳沃与智利本土企业形成战略联盟，一起并购了智利的五家水果农场。凭借着品牌、渠道、管理等方面的突出优势，佳沃得到了合作伙伴的高度认可。佳沃以本地企业管理为主的本土化策略，避免了由于行业差异、制度差异、文化差异等方面带来的挑战。佳沃投资智利，符合智利的经济发展方向，为智利水果的出口作出了重要贡献。佳沃对智利的投资，也有利于满足中国市场对反季节水果的需求，并且进一步提升了中国企业在智利的良好形象。

中国企业投资巴西

第一节　巴西投资环境分析

一、巴西的引资趋势与地位

1970—2016年，巴西的外资流入呈现出波动式的增长态势（如图2.3.1所示）。在20世纪90年代之前，巴西的外资数量增长比较缓慢，但在拉美地区，其外资占比较高。例如，1974年，巴西的外资数量占拉美地区总体外资的数量较多，其比重超过了60%。1995年，巴西开始推行私有化政策，于是外资大量涌入巴西。因此，1995—2000年，巴西的外资流入呈现出明显的增长态势。从2001年开始，受整个拉美地区经济衰退的影响，阿根廷、秘鲁等国爆发了债务危机，巴西也受此冲击，外资数量不断减少。2004年，巴西的卢拉政府实施了有效的财政政策，所以外资数量有了一定的增长。之后，受国际金融危机的影响，巴西的外资数量开始减少，但从2010年开始，新政府实施了一系列开放、包容的引资政策，外资数量不断增加，并创历史新高。2010年和2011年，巴西外资数量的全球占比均达到6%。2013年，受美国货币政策和巴西国内"巴油腐败案"的影响，巴西货币雷亚尔大幅贬值。与2012年相比，2013年巴西的外资数量快速减少。2014年，巴西爆发了大规模的"洗车行动"，导致政坛动荡。2015—2016年，受国际大宗商品价格和巴西国内政治局势的影响，巴西的GDP连续两年出现负增长。总体而言，1970—2016年，巴西的外资流入一直处于波动状态，但引资地位保持稳定，在拉美地区的引资占比基本保持在三分之一左右。

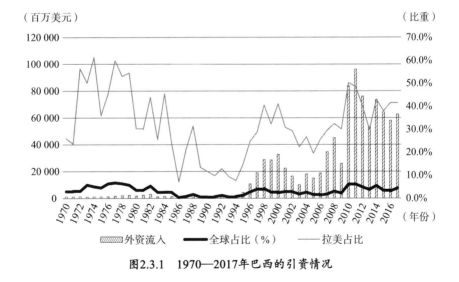

图2.3.1　1970—2017年巴西的引资情况

数据来源：UNCTAD. [2021-8-18]. https://unctadstat.unctad.org/wds/ReportFolders/reportFolders.aspx?sCS_ChosenLang=en.

二、对巴西投资环境评价

我们采用以下三个方面的数据对巴西投资环境进行评价：世界经济论坛发布的《全球竞争力报告》，世界银行发布的《营商环境报告》以及美国传统基金会发布的《经济自由度指数》。

（一）《全球竞争力报告》对巴西的评价

世界经济论坛是国际上从事竞争力评价最著名的机构之一。该机构每年都会对全球主要国家的竞争力进行综合评判，并推出一年一度的《全球竞争力报告》。根据表2.3.1提供的数据名情况来看，巴西的全球竞争力排名从2009年开始上升，到2013年，其排名达到全球第48位。之后，受"巴油腐败案"的影响，巴西的全球竞争力开始下降。到2017年，其全球排名降至第80位。从区域排名来看，巴西在整个拉美地区的竞争力相对较低。在拉美地区，巴西的全球竞争力排名处于相对靠后的位置。

表2.3.1　2008—2017年巴西及其周边国家全球竞争力的排名情况

年份	巴西	智利	巴拿马	哥伦比亚	哥斯达黎加	墨西哥	秘鲁
2008	64	28	58	74	59	60	83
2009	56	30	59	69	55	60	78
2010	58	30	53	68	56	66	73
2011	53	31	49	68	61	58	67

（待续）

（续表）

年份	巴西	智利	巴拿马	哥伦比亚	哥斯达黎加	墨西哥	秘鲁
2012	48	33	40	69	57	53	61
2013	56	34	40	69	54	55	61
2014	57	33	48	66	51	61	65
2015	75	35	50	61	52	57	69
2016	81	33	42	61	54	51	67
2017	80	33	50	66	47	51	72

数据来源：世界经济论坛. 全球竞争力报告[EB/OL]. (2019-12-16) [2021-8-18]. https://www.weforum.org/reports?utf8=%E2%9C%93&query=global+competitiveness.

根据表2.3.2提供的数据，2017年巴西的全球竞争力排名是第80位。从细分指标来看，与拉美其他国家相比，巴西最大的竞争力来源于"技术"和"市场规模"。然而，"宏观环境""商品市场效率"和"劳动力市场效率"是制约巴西全球竞争力的主要因素。

表2.3.2　2017—2018年巴西及其周边国家全球竞争力的排名情况

国家	巴西	智利	巴拿马	哥伦比亚	哥斯达黎加	墨西哥	秘鲁
全球排名（137个国家参评）	80	33	50	66	47	51	72
制度	109	35	74	117	48	123	116
基础设施	73	41	37	87	65	62	86
宏观环境	124	36	11	62	79	43	37
健康和基础教育	96	66	79	88	35	76	93

（待续）

（续表）

国家	巴西	智利	巴拿马	哥伦比亚	哥斯达黎加	墨西哥	秘鲁
高等教育	79	26	88	66	31	80	81
商品市场效率	122	39	41	102	63	70	75
劳动力市场效率	114	49	76	88	69	105	64
金融市场发展	92	17	14	27	39	36	35
技术	55	38	63	65	45	71	86
市场规模	10	44	79	37	80	11	48
商务成熟度	56	50	44	64	35	49	80
创新	85	52	55	73	43	56	113

数据来源：世界经济论坛. 全球竞争力报告 [EB/OL]. (2019-12-16) [2021-8-18]. https://www.weforum.org/reports?utf8=%E2%9C%93&query=global+competitiveness.

（二）《营商环境报告》对巴西的评价

2009—2018年，巴西的全球营商环境排名一直都比较稳定（见表2.3.3），最差的排名情况出现在2013年（在全球排第130位），最好的情况是在2014年和2016年（在全球排第116位）。2018年，巴西的全球营商环境在全球排第125位，在拉美地区排第22位。从细分指标来看，与其他拉美国家相比，巴西在"获得电力""投资者保护""合同执行"等方面的排名较为靠前，但在"开办企业""办理施工许可""缴纳税款"等方面的表现较差（见表2.3.4）。

表2.3.3　2009—2018年巴西全球营商环境的排名情况

年份	2009	2010	2011	2012	2013	2014	2015	2016	2017	2018
全球排名	125	129	127	126	130	116	120	116	123	125
开办企业	127	126	128	120	121	123	167	174	175	176
办理施工许可	108	113	112	127	131	130	174	169	172	170
雇佣工人	121	138	—	—	—	—	—	—	—	—
获得电力	—	—	—	51	60	14	19	22	47	45
登记财产	111	120	122	114	109	107	138	130	128	131
获得信贷	84	87	89	98	104	109	89	97	101	105
投资者保护	70	73	74	79	82	80	35	29	32	43
缴纳税款	145	150	152	150	156	159	177	178	181	184
跨境贸易	92	100	114	121	123	124	123	145	149	139
合同执行	100	100	98	118	116	121	118	45	37	47
解决破产	127	131	132	136	143	135	55	62	67	80

数据来源：世界银行. 营商环境报告[EB/OL]. (2019-10-24) [2021-8-18]. https://www.doingbusiness.org/en/reports/global-reports/doing-business-2020.

表2.3.4　2018年巴西及其周边国家全球营商环境的排名情况

	巴西	智利	巴拿马	哥伦比亚	哥斯达黎加	墨西哥	秘鲁
全球排名（190个国家参评）	125	55	79	59	61	49	58
开办企业	176	65	39	96	127	90	114
办理施工许可	170	15	88	81	70	87	61
获得电力	45	44	18	81	21	92	63
登记财产	131	61	83	60	49	99	44
获得信贷	105	90	29	2	12	6	20
投资者保护	43	57	96	16	119	62	51
缴纳税款	184	72	180	142	60	115	121
跨境贸易	139	68	54	125	73	63	92
合同执行	47	56	148	177	129	41	63
解决破产	80	52	107	33	131	31	84

数据来源：世界银行. 营商环境报告[EB/OL]. (2019-10-24) [2021-8-18]. https://www.doingbusiness.org/en/reports/global-reports/doing-business-2020.

从2009—2018年巴西全球营商环境的排名情况来看，部分指标的排名呈上升趋势。比如，对于"获得电力"这一指标，2014年该指标从2013年的第60位直接跃升至14位，这主要是因为巴西政府于2014年完善了电力相关法案，确立了以电力为主的基础设施项目的合同原则和投标规则，增加了投资来源，提高了财务的稳定性，电力的生产成本也大大降低。此外，中国国家电网公司和巴西电力公司组建的联营体把中国的特高压技术带到了巴西，推动了巴西电力行业发展。

（三）《经济自由度指数》对巴西的评价

2009—2019年，巴西的经济自由度指数排名一直处于相对靠后的位置（见表2.3.5）。排名最差的时候是在2018年，巴西的经济自由度指数在全球排第153位。自2013年"巴油腐败案"曝光之后，巴西政府的公信力受到公众质疑，"政府诚信"这一指标的得分较低。巴西司法部门虽然保持独立，但效率低下。此外，繁重、复杂的税收制度也给经济带来了很大的影响。虽然巴西过度臃肿的联邦政府一直受到人们的指责，但在2009—2019年，巴西的"货币自由"和"贸易自由"指标的得分都比较高，这主要是因为巴西政府采取了有效的货币政策和开放的贸易政策，积极鼓励出口，这对本国贸易的发展起到了一定的促进作用。

表2.3.5　2009—2019年巴西经济自由度排名及其细分指标的得分情况

年份	世界排名	拉美地区排名	产权保护	政府诚信	司法效率	税收负担	政府支出	财政健康	商务自由	劳动力自由	货币自由	贸易自由	投资自由	金融自由
2009	105	22	50	35	—	65.8	50.3	—	54.5	62.7	77.2	71.6	50	50
2010	113	22	50	35	—	68.4	50.3	—	54.5	57.5	75.8	69.2	45	50
2011	113	22	50	37	—	69	49.6	—	54.3	57.8	75.9	69.8	50	50
2012	99	21	50	37	—	69.1	54.8	—	53.7	59.1	75.8	69.7	50	60
2013	100	20	50	38	—	70.3	54.8	—	53	57.2	74.4	69.7	50	60
2014	114	21	50	37.9	—	68.8	54.1	—	53.8	49.8	69.9	69.3	55	60
2015	118	22	50	42	—	68.4	50.9	—	53.6	52.1	69.4	69.6	50	60
2016	122	22	45	43	—	69.7	55.2	—	61.4	52.5	64.2	69.4	55	50
2017	140	23	55	33.4	49.7	70.1	53.1	22.8	61.3	52.3	67	69.4	50	50
2018	153	25	55.8	31.4	55.5	70.6	50.7	7.7	58.6	46.8	71.4	68.5	50	50
2019	150	25	57.3	28.1	51.7	70.5	55.2	5.9	57.9	51.9	75.5	69	50	50

数据来源：由笔者根据相关资料整理得到。

根据巴西的引资情况，我们不难看出，巴西的外资流入呈现出波动式增长的态势，并且其外资规模较大。从具体的评价指标上看，巴西在"技术"指标上的排名比较靠前，这表明：巴西政府支持技术的成果转化和应用。从巴西的区位优势来看，庞大的市场规模是其吸引外资企业的重要因素。在全球营商环境各评价指标中，巴西的"合同执行"指标在拉美地区的排名较为靠前，有效开放的货币贸易政策为巴西经济的持续增长提供了动力。此外，巴西的电力行业凭借有效的电力市场运行机制、高效透明的监管机制，为电力企业的进入带来了机遇，开放的投资政策也给外来投资者提供了制度保障。然而，需要注意的是，巴西复杂的经济环境和商业规则与中国存在着较大的差异，这些差异也给中国企业进入巴西带来了巨大的挑战。首先，巴西的宏观经济环境不太稳定，在巴西投资的中国企业需要防范外部力量对企业经营造成的不利影响。其次，自"巴油腐败案"发生以来，政府的诚信度持续下降，中国企业需要规避由频繁的政策变动带来的政治风险。最后，巴西人员流动性较高，资源的错配率较高，也给中国企业搭建本地经营团队带来挑战。

第二节 国家电网投资巴西

国家电网有限公司（简称"国家电网"）成立于2002年，是世界上最大的公用事业企业。2016—2018年，国家电网在《财富》世界500强排第2位。国家电网以投资建设、运营电网为核心业务，经营区域覆盖了中国的26个省份。此外，国家电网还在菲律宾、巴西、葡萄牙、澳大利亚、意大利、希腊等国拥有稳健的运营企业。

巴西与中国存在诸多相似之处，比如：拥有广阔的国土面积，丰富的水电资源以及集中的城市用电需求等。2010年，国家电网通过并购方式进入了巴西市场，逐步发展成为巴西电力行业的重要企业。本部分，我们对国家电网及其在巴西的投资实践进行介绍。

一、国家电网的国际化成长之路

在分析国家电网投资巴西之前，我们需要对国家电网在国内发展和早期国际化发展过程中积累的能力进行介绍。

（一）国内能力的积累

中国电力工业具有140年的历史。[①] 中华人民共和国成立后，对电力工业管理体制进行了多次改革。1997年，国家电力公司成立，与电力工业部实行"两块牌子，一套班子"的运行方式。2002年，国务院实施电力体制改革，决定在国家电力公司的基础上，按发电业务和电网业务进行重组。在发电方面，形成华能、大唐、华电、国电、中电投等5家发电集团和若干家中央发电企业。在电网方面，成立国家电网有限公司（简称"国家电网"）和南方电网有限公司（简称"南方电网"）。

国家电网承担了输电、配电和调度的统一管理职能。在具体电网业务上，国家电网采取电网项目发起、投资、建设、运营等方面的一体化经营模式，业务范围涉及华北、东北、华东、华中、西北等区域。

国家电网成立之时，国内电力行业已取得一些成就。从电源建设的角度看，全国的年发电量从1949年的43.1亿千瓦·时增长至2002年的16 540亿千瓦·时，年均增速达到11.88%，实现了较快的增长。从电网建设角度看，全国电网从解放初期的上

---

① 中国对电能的应用始于19世纪80年代，几乎与欧美国家同步。1882年，英国人R.W. Little等人在上海成立了上海电气公司，并在上海南京路建立了中国第一座发电厂，标志着中国电力工业的开始。

百个孤立的电网发展至21世纪初期的7个跨省大电网；最高输电电压等级也从建国初期的110kV增长至500kV。从电力技术角度看，中国电力的设计和施工技艺也有很大进步，技术装备水平也得到很大提高。就电网相关装备而言，全国已形成诸如南瑞继保、许继集团、平高电气、西电集团等一批优秀的电力设备制造厂商。

然而，国家电网成立之初面临诸多挑战。首先，电网的建设相对滞后，长期存在"重发、轻供、不管用"的问题，主要表现是：发电厂建成后，有电输不出去；电力输到了供电中心又出现"卡脖子""有电用不上"等现象（李鹏，2005）。其次，中国能源资源分布与经济发展水平之间不匹配，煤炭和水电资源大部分集中在中西部，而经济较发达的东部地区往往缺少能源，所以需要"西电东送"。能源分布结构决定了中国存在远距离输电的要求，需要形成大电网。然而，由于电网建设相对滞后，网架结构较为薄弱，远距离输电能力明显不足，无法满足远距离的输电需求，无法解决全国供电能力不足的问题。进入21世纪，中国经济腾飞带动了电力需求的快速增长，导致在用电高峰期全国多次出现"电荒"事件。以2003年的夏季为例，全国有23个省级电网拉闸限电，其中浙江、江苏等地方出现全年持续性拉闸限电的情况，电力供应不足严重影响到经济的发展。再次，由于电网在国内属于战略性资源，电网安全问题受到政府的高度重视，国家电网不仅承担着重要的经济责任，而且承担着重要的政治责任和社会责任。国家电网成立之时，全国电力装机容量和电网规模已居世界前列，安全、稳定运营大规模的电网存在巨大的挑战，而前期电网建设滞后，网架结构薄弱，进一步增加了电网的安全隐患。仅2003年，国家电网发生的一般电网事故数量和设备事故数量就分别达到134次和341次。最后，国家电网成立初期，管理基础较为薄弱，具体体现在管理层级多、链条长、制度和标准不统一等方面，这些问题进一步导致国家电网总部管控力度变弱、执行力层层衰减、集团资源分散等情况出现。

由此可见，电网投资滞后、远距离输电能力不足、电网安全隐患大、管理基础薄弱等问题是国家电网成立之初面临的主要问题。为了解决这些问题，国家电网在成立后的十余年时间里，制定了清晰的发展战略，采取了针对性强的措施，通过加大投资来补齐国内电网发展的短板，通过发展和实施特高压技术来实现高效、稳定的远距离输电目标，通过建立安全管控、应急等体系来保障电网的安全运营，通过建设"三集五大"体系来完善管理基础。国家电网在发展过程中积累了一些关键能力，如：丰富的投资经验与强大的资本运作能力，国际领先的输电能力，强大的电网安全运营能力，有效的一体化管控能力等。

1. 丰富的投资经验与强大的资本运作能力

首先，针对电网建设投资滞后的问题，国家电网加大了对电网建设的投资力度。电网建设投资的比例从公司成立前的20%增长至"十五"期间的37%。在"十一五"和"十二五"期间，电网建设投资的比例增长至50%。2003—2015年，全国累计完成电网建设投资的费用超过3万亿元，是1949—2002年电网建设投资总额的十多倍（如图2.3.2所示）。电网建设投资费用的快速增加补齐了此前出现的短板，110kV及以上输电线路从2003年的30.7万公里增长至2015年的89万公里。全国110kV及以上变电设备容量从2003年的7.3亿kVA增长至2015年的36.1亿kVA。以2010年为例，当时中国电网规模在全球排在首位，国家电网在当年《财富》世界500强排行榜中位列第八，在公用设施行业榜单中位列第一。

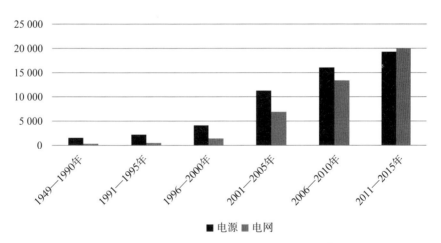

图2.3.2　1949—2015年中国电力工业的投资情况

数据来源：由笔者根据相关资料整理得到。

2. 国际领先的输电能力

针对远距离输电能力不足的问题，国家电网以发展特高压输电技术作为战略重点。特高压输电是指1 000kV及以上的交流输电，或者是±800kV的直流输电。[①] 特高压技术能够满足大规模、远距离、高效率电力输送的需求，有着广阔的发展前景。中国并不是世界上最早开展特高压输电技术研究的国家，在此之前，苏联、日本、美国和意大利等国都对特高压输电技术进行了积极的探索，但特高压输电项目在这些国家并未得到持续应用。在国家电网决定建设特高压骨干网架之前，中国在输电技术方面也有一定的积累。以国内直流输电技术的发展为例，从20世纪50年代末期开始，中国就开始了直流输电技术的研究。1989年，中国建立了国内首条±500kV高压直流输电线路，即葛洲坝—上海直流输电工程。该项工程由瑞典的ASEA公司承包，是中国首个大容量、远距离的直流输电工程。此后，由于三峡直流输电工程的推进，在后续多条直流输电线路建设和运营的过程中，中国直流输电设备的国产化率达到100%（如表2.3.6所示）。由此可见，前期高压输电、超高压输电的技术积累为后续中国特高压输电技术的发展奠定了良好的基础。

---

① 除了特高压，还有超高压和高压。其中，超高压输电包括：330kV以上、1 000kV以下的交流输电，±500kV和±600kV的直流输电。

表2.3.6 1989—2011年国内部分高压和超高压直流输电项目

项目名称	投运时间	设备国产化率
葛洲坝—上海直流输电工程（±500kV）	1989年	0
三峡—常州直流输电工程（±500kV）	2003年	约30%
三峡—广东直流输电工程（±500kV）	2004年	约50%
西北—华中联网灵宝背直流输电工程（±500kV）	2005年	100%
三峡—上海直流输电工程（±500kV）	2007年	约70%
团林—枫泾直流输电工程（±500kV）	2011年	100%
柴达木—拉萨直流输电工程（±400kV）	2011年	100%

数据来源：由笔者根据相关资料整理得到。

2004年12月，国家电网正式提出了建设特高压骨干网架的构想。2005年，国务院印发了相关文件，同意启动建设特高压电网的工作。从2005年开始，国家电网先后组团赴日本、俄罗斯等国考察特高压技术的实施情况，并联合国内各方力量，完成了在特高压输电系统的安全性、设备研制以及复杂环境测试等方面的技术攻关。这些技术攻关对满足国内长距离输电的复杂需求有重要意义。我们以复杂环境测试为例，高海拔、重污染和严重覆冰等特殊的自然条件会对输电线路的绝缘特性产生影响，进而对特高压设备的长期稳定运行造成威胁。为此，国家电网在北京、湖北、西藏等地建立了多个特高压试验基地，对电气设备进行带电测试，为特高压项目的安全运行提供保障。在国家电网及其合作伙伴的努力下，国家电网的首个特高压交流电项目和特高压直流电项目分别在2009年和2010年投入使用。随着特高压项目建设的不断推进，到2019年，全国形成了"十一交，十四直"的特高压电网格局（见表2.3.7），并由国家电网负责运营。国家电网提前完成了所有特高压项目的建设，并带动了国内特高压设备制造业的发展，还使中国特高压技术标准上升为国际标准，为后续中国特高压技术"走出去"奠定了基础。

表2.3.7 "十一交、十四直"特高压输电项目

序号	电压等级与性质	工程路线	开工时间	投运时间
1	特高压交流电（1 000kV）	长治—南阳—荆门	2006/8	2009/1
2	特高压交流电（1 000kV）	淮南—芜湖—安吉—练塘	2011/10	2013/9
3	特高压交流电（1 000kV）	安吉—兰江—莲都—榕城	2013/4	2014/12
4	特高压交流电（1 000kV）	锡盟—廊坊—海河—泉城	2014/11	2016/7
5	特高压交流电（1 000kV）	淮南—盱眙—泰州—东吴—练塘	2014/11	2016/11
6	特高压交流电（1 000kV）	鄂尔多斯—北岳—保定—海河	2015/3	2016/11
7	特高压交流电（1 000kV）	锡盟—胜利	2016/4	2017/7
8	特高压交流电（1 000kV）	横山—洪善—邢台—泉城—昌乐	2015/5	2017/8
9	特高压交流电（1 000kV）	北京西—石家庄	2018/5	2019/4
10	特高压交流电（1 000kV）	苏通 GIL 综合管廊	2016/8	—
11	特高压交流电（1 000kV）	潍坊—临沂—枣庄—菏泽—石家庄	2018/1	—

（待续）

（续表）

序号	电压等级与性质	工程路线	开工时间	投运时间
12	特高压直流电（±800kV）	云南—广州 *	2006/12	2010/6
13	特高压直流电（±800kV）	复龙—奉贤	2008/12	2010/7
14	特高压直流电（±800kV）	锦屏—苏州	2009/12	2012/12
15	特高压直流电（±800kV）	普洱—江门 *	2011/12	2013/9
16	特高压直流电（±800kV）	天山—中州	2012/5	2014/1
17	特高压直流电（±800kV）	宜宾—金华	2012/7	2014/7
18	特高压直流电（±800kV）	灵州—绍兴	2014/11	2016/8
19	特高压直流电（±800kV）	祁连—韶山	2015/6	2017/6
20	特高压直流电（±800kV）	雁门关—淮安	2015/6	2017/6
21	特高压直流电（±800kV）	锡盟—泰州	2015/12	2017/9
22	特高压直流电（±800kV）	扎鲁特—广固	2016/8	2017/12
23	特高压直流电（±800kV）	伊克昭—沂南	2015/12	2017/12
24	特高压直流电（±800kV）	滇西北—广东 *	2016/4	2018/5
25	特高压直流电（±800kV）	昌吉—古泉	2016/1	—

资料来源：国网能源研究院有限公司. 2018年国内外电网发展分析报告[M]. 中国电力出版社，2018。

注："*"表示南方电网运营的项目。

3. 强大的电网安全运营能力

针对电网的安全性，国家电网不断强化安全意识，通过安全管控、应急体系建设和相应的长效机制来保障电网的安全运营。在安全意识方面，在国家电网成立之前，电力部门就对电网的安全运营高度重视。国家电网成立后，坚持从维护国家安全的战略高度来保障电网的运营安全。国家电网建立了一整套的电网安全管控体系，从责任、业务、保障、协调、监督和应急等方面来保障电网的运营安全。从电网规划到电网建设再到电力调度，国家电网将安全意识贯穿于整个电网业务。此外，国家电网也在电网技术研发和应用方面下了很大的功夫。例如，通过对电网运行状态的监测，全面实施设备检修工作，提高电网的运营能力。通过对电网安全的管控，国家电网运营的事故数量大幅下降。2010年，电网事故数量和设备事故数量分别为2次和20次，与2003年相比，事故率分别下降了98.5%和94.1%。[①]除了电网的日常运营，重大活动和抗震救灾期间的电力保障则给电网运营工作提出了更高的要求。在重大活动期间（如每年召开的全国"两会"等），需要考虑的因素较多，事故的影响较大，因而对电力系统的要求更高；而在抗震救灾期间，恢复和保障电力供应的难度更大。我们以2008年的北京奥运会为例，国家电网事先制定了近1 800个供

---

① 2012年及以后的电网事故数量和设备事故数量采取了新的统计方式。按照新的统计方式，2015年国家电网系统的电网事故数量和设备事故数量均为0次。参见：刘振亚. 超越·卓越[M]. 北京：中国电力出版社，2006：204.

电应急预案。国家电网成功完成多次重大任务，积累了丰富的实战经验，提高了电网运营的管控能力。

4. 有效的一体化管控能力

国家电网通过建设"三集五大"体系来提升自身的管控能力。"三集五大"是指对人、财、物三方面的核心资源实行集约化管理，对规划、建设、运行、检修和营销这五个核心业务实行统一管控。通过"三集五大"体系建设，国家电网大力推进和落实以集团化运作为核心的"六化"方针①。统一管控是集团化运作在子公司层面的重要体现，即坚持落实集团战略，通过综合计划管理和全面预算管理，层层分解、逐步落实，形成一个有效的管控体系。通过管理上的变革，国家电网的管控能力得到显著提升，核心资源得到高效应用。

（二）国际化能力的发展

国家电网为响应"走出去"的号召，于2007年正式启动实施国际化发展战略，开始从集团层面来规划国际化发展之路。在此之前，国家电网主要以早期的国际化路线为主，实施主体相对分散，业务上主要以劳务合作、国际工程承包类项目为主。国家电网在早期的国际化过程中具备了一定的经验和人才基础。例如，国家电网的子公司中国电力技术进出口公司（简称"中电技"）

---

① 国家电网公司"六化"方针是指集团化运作、集约化发展、精益化管理、标准化建设、信息化融合和国际化经营。

于1999年在柬埔寨基里隆水电站BOT项目上中标。在项目实施过程中，中电技积累了海外项目投资、建设、运行等方面的经验。然而，早期的国际化弊端非常明显。由于无法在集团层面形成合力，单个下属子公司的资源非常有限，所以早期的国际化无法支持国家电网实现全方位的国际化蓝图。

在"十一五"期间，国家电网开始进行"自上而下"的国际化。2008年成立的国网国际发展有限公司（简称"国网国际"）是国家电网进入国际化发展新阶段的重要标志。国家电网开始从集团层面布局，集中力量，统一规划国际化业务。国家电网将国网国际作为集团海外投资运营的平台，并在此基础上搭建自己的国际化业务团队。在国网国际成立之初，国网国际聘请了一些国际化专业人才来担任公司的高级顾问。国网国际以此为基础，加强了公司人才的培养。我们以"国网国际首届外语培训班"为例，该培训班的多名成员成为国家电网巴西控股公司（简称"巴控公司"）的业务骨干，在巴西发展电力业务的过程中发挥了重要作用。

从20世纪90年代开始，菲律宾政府在电力行业推行私有化政策。菲律宾国家输电网络公司（简称"菲电公司"）因为债务压力而无法满足菲律宾电力市场的需求，不得不出售其特许经营权。2007年12月12日，国家电网战胜了其他两家竞标公司，以39.5亿美元的价格竞得菲电公司为期25年的特许经营权。同时，国家电网持有菲电公司40%的股份。国家电网从国内抽调部分管理人员和技术骨干外派到菲律宾，承担电网的运营管理工作。该项目是国家电网的首个海外大型投资项目，其成功运营不仅为公司带来了良好的经济收益，而且积累了投资融资、风险控制、运营管理等方面的经验，培养了一大批国际化人才，为公司以后的发展奠定了更扎实的基础。

国家电网还从整个系统内选派一些具有国际工程经验或海外项目管理背景的业务骨干充实到海外的管理团队中，以满足海外公司对相关人才的需求。

二、国家电网投资巴西的案例解读

国家电网于2010年成立了巴控公司，以此方式正式进入巴西电力市场。2014年，巴控公司在美丽山一期和二期项目竞标活动中中标。经过多年的努力，巴控公司在资产规模和市场份额上都获得了巨大的提升。下面，我们对国家电网在巴西的投资历程以及当地合作机构的评价进行介绍。

（一）国家电网投资巴西的案例描述

国家电网在巴西的投资实践可以划分为并购进入、常规绿地项目投资和特高压项目投资三个阶段。

1. 并购进入阶段

国家电网通过两次并购，慢慢熟悉了巴西的市场环境，并将公司在国内的发展优势转移至巴西。

（1）第一次并购。巴西电力行业在项目投标、环评许可、征地协调等方面与国内电力市场均存在较大的差异，因此，直接采用绿地投资的方式进入巴西市场会存在各种困难。2010年初，在巴西拥有输电特许经营权的西班牙ACS公司受欧债危机的影响，有意出售部分资产来缓解公司的压力。国家电网紧紧抓住这次难得的机会，从内部抽调一些人员组成了筹备组，聘请财务、法律方面的专业人员对ACS公司出售的资产进行评估。之后，国家电网于2010年5月正式收购了ACS公司旗下拥有输电特许经营权的七个子公司。接着，国家电网还收购了巴西本地的CIMIG电力公司。基于此，国家电网于2010年在巴西当地成立了巴控公司，从而打开了巴西电力市场的大门。

此次并购完成后，巴控公司并未裁员，而是全部保留了之前的运营团队。巴西政府非常关注就业问题，巴控公司作为刚进入巴西电力市场的中国企业公司，保留所有员工可以减少政府的担忧，并在当地树立良好形象。巴控公司可以通过后续的发展来提升运营团队的整体实力。由于原有的人员并不能满足巴控公司发展的需要，于是巴控公司通过市场招聘的方式补充了更多的人员。2011年，巴控公司聘请咨询公司专业人员，逐步完成了对并购资产的整合，不仅熟悉了当地的环境，还初步搭建了完整的运营团队。

（2）建立集控中心（CCMC）。在第一次成功并购之后，巴控公司基于自身长期投资的战略需要，着手建立集控中心。2012年7月，集控中心一期项目正式运营。集控中心具有对巴控公司所属资产的信息采集、存储、分析以及实时监测资产运行等功能，大大提高了公司对资产的管理能力。2015年9月，集控中心二期项目建设顺利完成，实现了集控中心与巴西国家电力调度中心（即ONS中心）的互联互通。集控中心的建立，使公司的运营管理更加集约化。此外，准确的信息传输也使集控中心与ONS中心的沟通更加有效、便捷，增加了巴控公司在巴西市场的竞争力。

（3）第二次并购。随着欧债危机的持续发酵，西班牙ACS公司需要对内部资产进行重组，并有提高现金储备的需求。基于此前良好的合作经历，ACS公司向巴控公司主动表达了再次出售资产的意愿。于是，巴控公司对ACS公司出售的资产进行了评估。ACS公司这次出售的资产中有部分资产与巴控公司已购资产之间的距离较近，在运营方面能够产生协同效应。此外，部分资产处于关键位置，对公司业务的后续发展具有重要意义。统筹考虑之后，巴控公司收购了ACS公司其他七个子公司。

经过仔细研究后，巴控公司以合理的价格并购了ACS公司的资产。巴控公司对人员、运营、维护等方面的整合轻车熟路。在人员整合方面，巴控公司保留了原有的运营团队，以便调动员工的积极性。在业务整合方面，巴控公司以集控中心为核心，按照就近原则对资产进行了重组，对运营、财务、技术、法律等业务进行了优化组合。

2. 常规绿地项目投资阶段

2011年11月，巴控公司与巴西国家电力公司（Eletrobras）旗下的Furnas公司联手，在首个常规绿地项目——路易斯安那和尼格兰甲变电站项目（简称"LNT项目"）上中标。巴控公司参与LNT项目竞标的理由显而易见。一方面，LNT项目的规模相对较小，适合巴控公司通过这一项目来了解当地的情况；另一方面，LNT项目涉及巴控公司业务发展需要的两个变电站。此外，Furnas公司是巴西当地最有实力的电力公司之一，巴控公司与其合作可以加深理解，有助于两家公司在其他项目上的进一步合作。

在LNT项目的投标和建设过程中，巴控公司成功避免了中国与巴西之间因各种差异造成的不良影响。例如，巴西的输电项目是通过特许经营权的招标来实现项目分配的；而在中国，电力被视为关乎国计民生的战略性资源，存在较强的计划性特征，电网建设项目按其所在位置分别由国家电网和南方电网负责实施。为了尽快掌握巴西电网项目的分配规则，在进入巴西市场之前，巴控公司筹备组成员就通过相关资料学习了招标规则。而在LNT项目的投标过程中，巴控公司通过与Furnas公司的合作，经历了完整的投标过程。

2012年3月，巴控公司与巴西电力公司Copel联合投标，在巴西特里斯皮尔斯一期项目（简称"TP一期项目"）上中标。该项目包含LotA和LotB两个标段，其中LotA标段涉及1 008公里500kV的同塔双回输电线路，LotB标段涉及239公里500kV的单回输电线路和345公里500kV的同塔双回输电线路。与此前的LNT项目相比，TP一期项目的规模明显更大，所以这个项目给巴控公司带来了更大的挑战。尽管如此，巴控公司及其合作伙伴还是克服了各种困难，顺利完成了项目的建设任务。巴控公司可靠、尽责的表现给巴西电力监管部门留下了深刻的印象，而巴控公司也在项目实施过程中积累了更多的经验，这些经验在后续的绿地投资项目中起到了重要作用。

2012年12月，巴控公司与Furnas公司、Copel公司联合，在7号项目G标段子项目（简称"PTE项目"）上中标。因此，三家公司联合成立了巴拉那伊巴输电公司（简称"巴拉公司"）。在PTE项目中，巴控公司及其合作伙伴在承包商选择、项目风险管控等方面均有良好的表现。

2016年4月，巴控公司在巴西特里斯皮尔斯二期项目（简称"TP二期项目"）上中标。当时，巴西经济正处于经济低谷时期，连续两年出现负增长，因此，国际投资者对巴西的态度比较悲观。在这种背景下，TP二期项目在前两次的招标中遭遇失败。在TP二期项目第三次招标信息公开后，巴控公司经过仔细评估后拿下了该项目，为经济低迷的巴西注入了活力。

2019年1月，TP二期项目竣工并投入运营。该项目刷新了巴西大型输电项目建设工期的新纪录。该项目的提前投产不仅为公司带来了丰厚的回报，也为巴西电力行业的发展作出了重要贡献。

3. 特高压项目投资阶段

巴西的输电技术曾处于世界领先地位。早在伊泰普水电站的输电线路建设中，巴西就采用了±600KV的输电技术。在美丽山水电站建立以后，由于美丽山水电站位于巴西北部地区，而用电负荷主要是在巴西的东南部，从而产生了远距离输电的需求。对此，负责巴西电力项目规划的巴西能源研究中心（简称"EPE中心"）准备了5个输电技术方案，其中包括±600KV、±800KV等方面的输电技术。2010年，国家电网了解到巴西有远距离输电的需求，于是制定了特高压技术在巴西推广应用的策略。项目筹备组专门向EPE中心介绍了特高压技术。EPE中心经过研究分析后，认识到特高压技术的经济性和可行性。该技术能够满足EPE中心选择技术的两大标准，即已有成功的实施经验（在中国已有成功的实例）并且满足竞争性要求（该技术已作为国际技术标准），所以EPE中心最终选择了特高压输电技术作为美丽山输电项目的技术方案。

与常规输电技术相比，特高压输电技术的优势主要体现在以下方面：输送容量大，输送同等容量电力基础上占用的线路走廊比较窄，输电损耗少，兼具经济性和环保性等。因此，特高压技术适用于长距离、大容量的电力输送项目。

与常规的绿地投资项目相比，特高压输电项目更复杂，规模更大，对项目的参与方也有更高的要求。对项目投资方而言，特高压项目要求更大规模的资本投入，并且由于输电线路较长，项目投资方在环评征地、社区关系维护和项目管理等方面需要具备更强的能力。此外，由于特高压技术比较复杂，建设规模较大，所以特高压项目在选择承包商时会面临更多的挑战。一方面，特高压技术的复杂性使可选择的承包商数量较少；另一方面，特高压输电项目规模较大，需要的承包商数量会更多。

美丽山一期项目输电线路全长超过2 000公里，投资规模远超常规绿地投资项目。然而，作为巴西首个特高压输电项目，该项目受到市场参与者的广泛关注。2014年2月，巴控公司与合资方组成联合体，战胜了来自西班牙的Abengoa公司以及巴西本地的TAESA公司和Alupar公司，最终在竞标中获得成功。

推广特高压输电技术是国家电网进入巴西市场的重点战略目标之一。巴控公司成立后，与巴西的电力企业积极合作，进行联合投标。在美丽山一期项目投标前，巴控公司就已经在LNT项目、TP一期项目以及PTE项目中与巴西企业合作，在联合投标过程中积累了相应的经验和能力，并且加深了对巴西市场和合作伙伴的理解。在美丽山一期项目投标时，巴控公司与巴西国家电力公司（Eletrobras）旗下的Furnas公司和北电公司强强联手，并在项目竞标时中标。在股权分配方面，通过谈判，由巴控公司持51%的股份，Furnas公司和北电公司各持24.5%的股份。在治理结构上，经过此前多个绿地投资项目的磨合，巴控公司与合作伙伴在美丽山一期项目中实现优势互补，共同向合资公司派驻高管。2017年12月，在巴控公司及其合作伙伴的共同努力下，美丽山一期项目提前竣工并顺利投产。

美丽山二期项目也是巴西公开招标的特高压直流输电项目。该项目的输电线路全长超过2 539公里，途经5个州、78个市。2015年7月，巴控公司独立参与投标，一举胜过西班牙的Abengoa公司，最后成功夺标。

巴控公司选择独资的方式参与美丽山二期项目投标具有一些特殊的原因。2015年，巴西遭遇了国家历史上最严峻的经济危机。据世界银行统计，2015年巴西的GDP增速为−3.5%，加上巴西国内腐败案曝光导致政坛动荡，巴西国有电力公司旗下的巴西核电公司总裁因涉嫌受贿而被捕入狱，该公司的国际信用评级也因此受到影响。在此背景下，与巴控公司经常合作的Furnas公司和北电公司也面临严重的融资问题，流动资金短缺，无力承担大额支出。巴控公司与合作伙伴进行多次沟通后，最终决定独立参与项目的竞标工作。

对巴控公司而言，独立竞标优劣并存。主要优势在于：公司对项目的掌控力更强，更容易推广中国的特高压输电技术；劣势在于：美丽山二期项目是巴西有史以来规模最大的特高压直流输电项目，巴控公司需要独立面对各种挑战。

根据巴西特许经营权招标文件的相关规定，招标公告中给出的特许经营收入只是起拍价，竞标方在此基础上"打折"，即给出自己的报价，最后由价低者中标。从具体操作上看，在项目竞标方的首轮出价中，如果最低价格比次低价格高出5%，那么出最低价的竞标方直接获胜；如果差距在5%以内，那就需要进行第二轮报价。在这种规则下，投标方的报价需要更加精准。如果报价太高，可能无法一举击败对手，甚至直接出局；如果报价太低，可能会过度压缩预算和收益，导致项目无法完工甚至出现亏损。在美丽山二期项目的投标过程中，巴控公司对投标项目给予了高度重视，公司财务团队在估值上付出了极大的心血。最终，巴控公司在首轮竞标环节精准出价，一举中标。项目中标后，巴控公司结合自身的实际情况组建项目运营团队，团队由中、巴人员共同组成。

在美丽山二期项目上，巴控公司引入了更多的承包商和供应商。国家电网通过竞争性程序，最终选择了多个承包商来负责项目的建设工作，较好地兼顾了中国电力"走出去"的战略需要和巴西"本地化率"的发展要求。美丽山二期于2019年8月完工，提前100天投入运营，有效解决了巴西南部地区电力供应不足的问题。巴西美丽山二期项目成为首个荣获中国工业大奖的海外项目。

（二）对巴控公司的评价

我们通过调研，收集了巴西电力部门的管理机构、主要合作伙伴对巴控公司的评价与反馈意见。同时，我们收集、整理了当地媒体报道的相关资料。通过分析总结，我们认为，巴控公司是一家被巴西当地社会普遍认可的国际化企业。

1. 管理机构的评价

为了保障电力行业的平稳运行，巴西设立了一套完整的电力行业管理机构。我们对巴西能源研究中心（EPE中心）、国家电力调度中心（ONS中心）、国家电力监管局（ANEEL）以及巴西环境和可再生资源署（IBAMA）进行了调研。根据这些机构的反馈信息，我们得出以下结论：首先，巴控公司为巴西电力行业带来了先进的技术；其次，巴控公司在巴西的贡献得到巴西社会的普遍认同；最后，巴控公司是一个非常专业且有责任感的企业，各个机构对其充满了信任和期待。

（1）巴西能源研究中心（EPE中心）。EPE中心成立于2004年，是一个为巴西矿产能源部（MME）提供能源规划的研究机构，其主要目标在于：对巴西能源系统进行合理规划，以便降低限电和大面积停电的风险。EPE中心下属电力研究部门的主要任务是：负责发电和输电的发展规划，研究新电力项目的技术性能和可行性，确保水电资源得到高效利用等。对于中标企业，EPE中心有两个标准：一是企业拥有成熟的技术；二是企业能满足当地的竞争性要求，也就是说，企业不能只选择一家设备供应商。

国家电网在刚进入巴西市场的时候就与EPE中心进行了沟通，介绍了特高压直流输电技术，并邀请EPE中心的负责人去中国进行实地考察，并对该技术在巴西的实施进行了可行性研究。在项目实施过程中，巴控公司的不凡表现给EPE中心留下了深刻的印象，EPE中心对巴控公司的未来表现也有更大的期待。

（2）国家电力调度中心（ONS中心）。ONS中心于1998年成立，是一个非盈利机构，其成立之初由国家电力监管局（ANEEL）授权管理。2004年，巴西政府对ONS中心的职权范围进行了调整，改由ANEFL的上级主管机构——矿产能源部（MME）授权，而ANEEL只负责监管。ONS中心负责巴西电力系统的运行协调工作，保证国家电力供应的数量和质量。

ONS中心最关心的问题是企业中标的项目是否能够按期完成并投入运营。ONS中心相关人员指出，西班牙的几家电力公司曾经多次未能按期完成项目的建设任务，从而影响了巴西的电力生产和输送。但他们认为，巴控公司有足够的资金和能力来完成项目的建设任务。作为巴西输电领域的重要参与者，巴控公司还是ONS中心董事会的成员之一。

（3）国家电力监管局（ANEEL）。1996年，巴西成立了ANEEL，成为巴西电力行业的监管机构。该机构属于半自治性质的政府机构，直接对矿产能源部（MME）负责。ANEEL的主要任务是管理和监督发电、输电、配电等业务。

ANEEL相关人员指出，巴西电力行业的投资环境比较复杂，特别是在输电领域，"新进入者"必须具备丰富的经验才有机会进入巴西电力市场。他们认为，国家电网选择通过并购的方式进入巴西的做法是正确的。刚开始，ANEEL相关工作人员对国家电网在巴西是否能够持续经营存在一些顾虑，但国家电网高层主动向他们表明了长期投资的想法，从而打消了他们的顾虑。

ANEEL相关访谈人员对巴控公司表示赞赏："巴控公司中标后，即使遇到难题，也能够坚持把项目做完。有些项目巴控公司提前好几个月就完成了，我们深感意外。"ANEEL的相关访谈人员对巴控公司的人员充满了期待，希望他们在巴西市场上能够多拿项目，为巴西的电力事业作出更大的贡献。

（4）巴西环境和可再生资源署（IBAMA）。IBAMA创立于1989年，是巴西环保部下面的行政部门。IBAMA的主要任务是保护森林资源，促进农业和牧业的发展。IBAMA有很大的权限，任何与环保有关的项目必须由它进行环境评价，并提供环保资质，没有环保资质的企业不能实施任何与环保有关的项目。

从IBAMA相关受访人员的反馈信息来看，他们对巴控公司的评价很高。他们认为，巴控公司在环保方面做得非常好，他们提出的所有要求巴控公司都能够达到。以美丽山二期项目为例，巴控公司在环保方面的表现非常突出。

2. 合作企业的评价

我们对巴控公司的合作企业进行了调研，这些合作企业主要有：巴西国家电力公司（Eletrobras），巴西国家开发银行

（BNDES），EPC[①]承包商包括中国的新疆送变电有限公司（简称"新疆送变电公司"）和巴西当地的SBEI公司，电力设备供应商西门子股份公司（简称"西门子"），咨询服务公司德勤会计师事务所（简称"德勤"）等。这些合作企业都认为巴控公司是一个专业的负责任的企业，是巴西电力市场的重要参与者。

（1）巴西国家电力公司（Eletrobras）的评价。Eletrobras成立于1962年，是巴西乃至拉丁美洲最大的电力公司。该公司是巴西的国有企业，也是在巴西、美国和西班牙上市的公司，其业务涉及发电、输电、配电等领域。Eletrobras的下属子公司Furnas公司和北电公司都与巴控公司有过多次合作。

我们走访的Eletrobras的工作人员参与过LNT项目和美丽山一期项目。在与巴控公司合作的过程中，他们了解到巴控公司的业务流程，认为巴控公司的员工在业务上非常专业，守时守信，真诚可靠。

（2）巴西国家开发银行（BNDES）的评价。BNDES是巴西非常重要的政策性银行。该银行自1952年成立以来，在促进巴西工业和基础设施建设方面发挥了重要作用。巴控公司成立后，BNDES为其提供了多次贷款。BNDES的工作人员认为，巴控公司取得了骄人的业绩，是其他中国企业进入巴西市场的重

---

① EPC，即Engineering Procurement Construction，是指公司受业主委托，按照合同约定对工程建设项目的设计、采购、施工、试运行等实行全过程或若干阶段的承包。

要榜样。巴控公司的业务发展不仅促进了巴西电力事业的发展，还加强了他们与中国政策性银行（如国家开发银行）的合作。

（3）EPC承包商的评价。EPC承包商是巴控公司在巴西投资项目建设过程中重要的合作伙伴。我们对其中两家典型的EPC承包商进行了调研，一家是来自中国的新疆送变电公司，另一家是巴西当地的SBEI公司。

新疆送变电公司是国家电网的全资子公司，现为国家电力工程承包一级企业，拥有送变电工程承包的各种资质，也是巴西美丽山二期项目的重要承包商。美丽山二期项目是新疆送变电公司首次在巴西落地的项目。相关访谈人员指出，在环保和劳工方面，新疆送变电公司面临不小的挑战。然而，美丽山二期项目在新疆送变电公司等单位的努力下，提前100天完成项目的建设任务。

SBEI公司是巴西市场上非常重要的EPC承包商。该公司成立于1960年，目前在巴西EPC承包商中排第二位，输电项目是其核心业务。该公司与巴控公司有过多次合作的经历，包括TP一期、TP二期、美丽山一期、美丽山二期等项目。他们认为，国家电网进入巴西电力市场的时机非常好，打破了西班牙电力企业对巴西电力行力的垄断局面，为整个市场注入了活力。在与巴控公司合作的过程中，他们认识到，巴控公司是一个负责任的有实力的公司。访谈人员特别提到，巴控公司与其他投资者之间的不同之处在于以下两点：第一，巴控公司的管理层在业务上非常专业，能够一起商谈技术问题和各种细节问题，并进行高效决策；第二，巴控公司会与承包商们一起解决项目建设过程中出现的问题。比如在环保、征地等问题上，巴控公司会派相应的团队去合作解决相关问题。SBEI公司的人员还认为，巴控公司在项目管理方面有着突出的表现。

（4）电力设备供应商西门子的评价。德国企业西门子创立于1847年，是全球电子电气工程领域的领先企业。西门子进入巴西市场已有100多年的历史，目前在巴西有11家工厂。西门子是巴西市场上最大的电力设备供应商。西门子的相关访谈人员表示，由于西门子在中国与国家电网就有很多的业务往来，当国家电网进入巴西市场的时候，双方很快建立了合作关系。在西门子的帮助下，国家电网以更快的速度进入了巴西市场。西门子的工作人员认为，巴控公司现在已经很好了，是巴西电力市场的重要参与者。

（5）咨询服务公司德勤的评价。德勤是提供审计、税务、法律、财务咨询、风险咨询等服务的全球著名企业，在全球150多个国家和地区拥有分支机构。在巴西，德勤与巴控公司的合作始于2016年。德勤主要为巴控公司提供三类服务，即程序管理、索赔管理以及风险管理。相关受访人员认为，巴控公司在巴西的市场份额会越来越大，未来会有更大的发展。

3. 当地媒体的评价

从巴西当地媒体的报道来看，巴控公司在巴西市场上的表现得到了巴西社会的肯定与赞赏。首先，作为巴西电力行业的重要参与者之一，巴控公司受到巴西媒体的持续关注。其次，巴西媒体对巴控公司的报道议题分布比较广泛，包括企业并购、绿地投资、项目进展及影响等。其中，当地媒体对美丽山项目的关注度最高。

巴西媒体对国家电网在巴西的投资也存在部分消极的报道，但以积极报道为主，主要体现在以下几个方面。

第一，对国家电网在巴西的投资给予了肯定。比如，Ariquemes Online和Veja Online这两家媒体均有报道指出："国家电网150亿雷亚尔的投资，得到里约市市长Marcelo Crivella的赞扬。"[①] 媒体引用巴西国家电力监管局（ANEEL）主管Jose Jurhosa的表述："国家电网对巴西的投资具有重要价值。"[②] 此外，多家媒体报道表示："国家电网的经济实力是不可否认的，其直属的巴控公司成为巴西电力市场最受欢迎的公司之一。"[③]

第二，在绿地投资项目方面，媒体也进行了相关报道。例如，所有项目都获得了IBAMA提供的环保资质，美丽山一期项目和TP二期项目提前一个月交付使用，美丽山二期项目提前100天交付使用等。

---

① Crivella bajula chinês de R\$ 15 bilhões[N]. Ariquemes Online/Veja Online, 2018-03-20.

② State Grid wins contract for Brazil transmission lines[N]. China Daily Online, 2016-04-24.

③ O gigante chinês acordou[N]. Revista IstoÉ Dinheiro, 2016-10-01.

第三，国家电网得到巴西社会的高度认可。比如，对于西班牙的Abengoa公司，巴西政府希望国家电网"能够尽快与其达成交易，以免造成延误"，"巴西政府更倾向于将Abengoa公司在该国的能源项目出售给国家电网，因为这家中国企业更有实力，能够保证项目顺利完成。"① 对于国家电网收购的CPFL公司，有报道指出："这是对巴西意外获得的一笔资金。"②

第四，肯定了巴控公司在巴西实行的本土化策略。比如，合作企业Copel公司的总裁Vianna指出："巴控公司和Copel公司之间的伙伴关系非常重要，我们希望进一步加强这种伙伴关系，因为巴西需要改善能源基础设施。"③ 此外，有很多媒体澄清了"国家电网计划将一万多名中国工人带到巴西建设输电线路"的不实报道。

第五，巴西媒体对巴控公司的社会贡献给予了高度评价。例如，多家媒体报道，TP二期项目会为巴西的国家互联系统（SIN）带来更多的好处。④ 同时，有报道指出："美丽山二期项目为巴西

---

① A Stale Grid visitou projetos da Abengoa no Brasil para estudar aquisição[N]. DCI, 2016-04-06.

② Chinese State Grid quer comprar fatia da Previ na CPFL[N]. Exame.com, 2016-08-09.

③ Copel discute novos projetos com a chinesa State Grid[N]. Umuarama Ilustrado, 2015-10-17.

④ BNDES vai financiar reforço de interligação elétrica no Centro-Oeste[N]. Plantão News, 2018-10-19.

创造了1.6万个就业岗位。"[①] 此外，也有媒体报道了巴控公司总经理荣获里约市"荣誉市民奖章"的事件。巴西议员Bastos指出："国家电网不仅促进了巴西的电力发展和当地的就业，并且广泛参与了当地的社区项目，比如对公益机构的赞助、对学校教育的支持等。"[②] 还有部分媒体对国家电网的特高压技术和巴控公司的业绩进行了报道。

综上所述，我们总结得到以下几点认识。首先，国家电网初入巴西市场的采取并购、合作的方式，得到了巴西政府的支持。国家电网主动介绍特高压技术的做法也得到巴西电力相关管理部门的认可。国家电网的投资为巴西带来了先进的技术，解决了相关的就业问题，促进了巴西电力事业的发展。其次，相关合作企业对巴控公司给予了高度评价，都认为它是一家非常优秀的企业，是巴西电力市场的重要参与者。相关合作企业都体会到巴控公司的专业性及其责任心，期待与其有更进一步的合作。此外，巴西媒体对国家电网的报道大部分是积极的、正面的。

（三）对国家电网投资巴西案例的经济学分析

下面，我们从巴西的区位优势、国家电网投资动机与能力、

---

① Linha de transmissão de Belo Monte levará energia do Pará ao Rio de Janeiro[N]. O Dia Online, 2017-09-28.
② Câmara Municipal do Rio de Janeiro homenageia empresário chinês por contribuições[N]. Xinhua Net, 2018-04-02.

中巴差异和跨文化管理、国家电网的本土化策略及其投资效果等方面进行分析。

1. 巴西的区位优势

首先，从市场角度看，巴西属于金砖国家（BRICS）之一，其经济体量在新兴经济体中位居前列，吸引外资规模在拉美地区的占比超过30%，拥有"大市场"条件。此外，巴西国土面积广阔，能源需求与资源储备呈逆向分布，这一国情决定巴西存在远距离输电的需求。因此，国家电网的特高压输电技术在巴西有着广阔的应用前景。

其次，从政策角度看，自20世纪80年代开始，巴西就采取了对外开放政策，对外资长期保持欢迎态度。具体到电力行业，巴西电力投资市场的监管制度比较透明，对投资者引进成熟的技术持欢迎态度。因此，巴西电力行业对境外投资者有较大的吸引力。

最后，从人力资源角度看，巴西电力行业的发展曾经处于领先地位。早在20世纪90年代，巴西就修建了举世瞩目的伊泰普输电站，并率先采用600kV超高压直流输电方案。因此，巴西在电力行业积累了一大批优秀的电力行业专业人才。此外，在巴西当地，特别是在大城市，劳动力的流动性较强，能够满足企业雇佣本地员工的需求。

2. 国家电网的投资动机与能力

（1）投资动机。国家电网投资巴西主要是为了寻求更大的发展。在投资巴西之前，国家电网经历了中国国内电网投资的高速增长期，并在此过程中积累了雄厚的资金以及技术、运营等方面的能力。2007年，国家电网制定了国际化战略，开始寻找海外发展机会。国际金融危机和欧债危机相继爆发，全球经济陷入动荡局势，大量欧美企业受危机影响抛售海外资产。由于当时国家电网在海外的布局还没有展开，所以它受危机的影响较小。事实上，外部经济环境的变化反而给国家电网提供了大量的机会。2010年，国家电网抓住时机，并购了部分拥有巴西电网特许经营权的企业。

（2）投资能力。国家电网在投资巴西之前已经具备了一定的资本、技术和运营能力，并积累了一定的国际化经验。这些能力和经验为国家电网进入巴西市场奠定了基础。

①资本能力。国家电网在中国国内拥有大部分电网资产，现已成为全球最大的公用设施企业之一，并且有多次国内外融资经历，并得到金融机构的青睐。电网属于"重资产、高投入"的行业，项目收益与成本密切相关。显然，国家电网雄厚的资本和融资能力为其投资巴西提供了条件。

②技术能力。国家电网在国内发展过程中至少具备以下三种技术。第一，在大规模电网建设实践中获得的项目集成技术；第二，以特高压输电技术为代表的远距离输电技术；第三，为满足国内电网安全生产要求而必须具备的电网运营技术。此外，伴随国内电力行业的发展，中国电力设备企业也逐步掌握了高端电力

装备制造的相关技术，其中有相当数量的电力设备企业由国家电网控股。

③运营能力。由于电力在中国具有战略性地位，国家电网在运营环节积累了安全、技术、组织等方面的能力。国家电网在中国国内管理着世界上规模最大的电网，并且电网的安全性和稳定性在全球处于较高水平。国家电网良好的运营能力为其顺利进入巴西电力市场提供了保障。巴控公司成立后，通过梳理运营流程、搭建集控中心、引进先进技术等方式，建立了符合当地需要的高质量的电网。

④国际化经验。国家电网通过早期"自下而上"的国际化积累了一定的国际化经验，同时积累了一些国际化人才。这些国际化经验和人才的积累在投资巴西的过程中发挥了重要作用。巴控公司成立后，通过采用恰当的本土化策略，进一步积累了适应当地发展的项目运营能力，如项目竞标能力、劳工关系处理能力等。巴控公司的这些能力与国家电网在中国积累的能力形成优势互补，为企业在巴西的稳定发展保驾护航。

3. 中巴差异和跨文化管理

中国和巴西在文化、制度、地理、经济等方面有许多差异，这些差异必然会对企业的发展产生影响。具体而言，国家电网投资巴西在宏观层面会受到制度环境、文化氛围等方面的影响，在行业层面会受到市场运行机制、监管方式等方面的影响。

我们先从宏观层面进行分析。巴西非常重视保护劳工的利益，工会的权力较大，整个工会在企业外部运行。同时，巴西非常注重环保，有着一整套复杂的环境测评流程和规则。另外，巴西的征地制度也与中国存在较大的差异。

我们再从电力行业层面进行分析。在运行机制上，巴西电力行业采取的是依靠社会资本参与的特许经营权招标模式，市场特征比较明显，在输电环节参与的主体较多；而中国电力行业的计划性比较突出，在输电环节参与的主体比较单一。在行业监管方面，虽然两国的电力监管机制比较完善，但由于两国国情不同，两国在电力行业监管上也存在诸多差异。例如，为了保障电力行业的平稳运行，巴西设立了一系列保障电力项目运营的监管机构。而在中国，国家电网和南方电网由发改委和国资委负责监管。同时，发改委还将通过调节输配电价格对电力市场进行管理。

在跨文化沟通方面，巴西的官方语言是葡萄牙语，语言上的差异也加大了外来投资者理解和掌握本地法律规范的难度。另外，巴西是一个文化包容性很强的国家，人们的平等理念较强。当地人表达自己的观点会比较直接，而中国人比较含蓄。

4. 国家电网的本土化策略

国家电网投资巴西可分为市场进入、初期发展和稳固发展这三个阶段。针对巴西与中国在文化、制度、地理、经济等方面存在的差异以及不同阶段的需求，国家电网采取了不同的本土化策略。

　　第一，在市场进入阶段，面对陌生的市场，国家电网根据国际化发展战略的需要，抓住机遇，通过并购的方式进入巴西市场，避免了前期复杂的绿地投资与建设工作。在此基础上，国家电网成立了巴控公司，并不断提升企业的运营能力。国家电网遵从自身的国际化发展战略，在市场进入初期就将自身定位为巴西电力行业的长期战略投资者。巴控公司通过购置办公大楼、招聘本地人才以及路演推介等方式，不断推进与本地利益相关方的合作。国家电网还通过派驻技术专家、邀请巴西监管部门负责人赴中国实地考察等方式，为巴西电力监管机构提供了重要支持。

　　第二，在初期发展阶段，国家电网通过巴控公司从规模较小的LNT项目入手尝试运行绿地投资项目。巴控公司通过采用与本地企业合资、雇佣本地员工、进行本地采购等多种本土化策略，实现能力的积累。对国家电网而言，参与绿地投资项目符合自身长期发展的定位，也符合巴西电力行业的发展方向。从结果上看，国家电网通过巴控公司采取的发展策略取得了良好效果，不仅熟悉了当地环境，还赢得了当地合作伙伴的信任和尊重。

　　第三，在稳固发展阶段，巴控公司开始独立运行大型绿地投资项目（如美丽山二期项目和TP二期项目）。为了解决征地、居民安置、环评等关键问题，巴控公司通过雇佣当地专家、与当地企业合作等方式来推动项目建设。此外，巴控公司不断调整组织架构，优化组织内部的职能，以便适应巴西本地投资环境，满足本地市场发展的需要。

综上所述，国家电网以并购方式进入了巴西电力市场，并且采取了各种本土化策略，通过项目实践逐步了解巴西当地的投资环境。

5. 投资效果

经过多年的发展，巴控公司承建的输电线路从初期的3 000公里增长至当前的11 000公里，资产总额增长了7.9倍，成为巴西电力行业的第二大企业。巴控公司将国家电网早期形成的国际化能力运用到巴西的投资环境中，并采用各种本土化策略，避免了各种差异造成的负面影响，积累了投资、建设及运营能力。此外，巴控公司还通过支持学校教育、参与各种公益活动来体现其社会价值。因此，巴控公司得到了巴西人民的尊重和赞赏。

国家电网投资巴西具有一定的合理性。首先，国家电网在投资巴西之前已经具备一定的国际化能力。其次，国家电网通过巴控公司采取了适当的本土化策略，积累了一定的发展能力。最后，国家电网投资巴西，符合巴西电力行业发展的长远利益。

国家电网通过巴控公司投资巴西，符合巴西的国家发展方向，主要体现在以下三个方面。

第一，巴控公司满足了巴西政府对外资企业的期望，支持了巴西电网基础设施的建设。巴控公司陆续在多个项目上中标，并按时甚至提前完成这些项目。在国际投资者普遍不看好巴西的情况下，巴控公司依然加大投资，全力支持巴西电力行业的发展。

对于已建成的项目，巴控公司凭借自身的能力，实现了电网的安全运营。

第二，巴控公司推动了巴西电力行业的技术进步。在巴西政府规划研究美丽山水电站的输电方案时，巴控公司积极参与该项目的可行性研究，为巴西重大电力项目的规划作出了重要贡献。巴控公司努力遵循巴西电力行业监管规定，并多次促成中巴企业在输电设备研发方面的合作，为巴西电力行业的技术发展提供了支持。

第三，巴控公司在绿地投资项目建设过程中，与本地的承包商和设备商签订了采购协议，客观上带动了巴西本地经济的发展。此外，在环评、征地、劳工保护和居民安置等相关问题上，巴控公司也认真践行了企业应有的责任。

由此可见，巴控公司的发展符合巴西国家和电力行业发展的利益。通过负责任的投资、有担当的行动，巴控公司获得了巴西电力监管机构、合作企业以及当地社会的积极评价。

案例总结

在本章，我们分析了巴西的投资环境，并把国家电网投资巴西作为案例展开论述。首先，通过回顾国家电网在巴西投资之前的国际化经历，描述其在不同阶段的投资实践。接着，我们总结了巴西的区位优势，分析了国家电网的投资动机与能力。之后，我们介绍了巴控公司在巴西的发展过程。为了避免中巴差异造成的影响和跨文化沟通上带来的不便，巴控公司采取了不同的本土化策略，获得了良好的发展，得到了巴西电力监管机构、合作企业以及当地社会的积极评价。

自20世纪90年代开始，巴西政府推行私有化，外资流入呈现出增长趋势。近年来，巴西招商引资的规模不断扩大。国际机构的评价也表明，巴西的市场规模较大，合同执行有力，对外开放的力度较大，但宏观经济的不稳定性、政府风险的不确定性等给外资进入巴西带来了一定的挑战。

国家电网在早期的发展过程中积累了一定的国际竞争力，培养了一部分国际化人才。国家电网将早期积累的国际化能力运用到巴西的投资环境中，通过采取恰当的本土化策略，慢慢积累了在本地的投资、建设及运营能力，同时满足了巴西国家电力发展的需要。目前，国家电网下属的巴控公司已经发展成为巴西电力市场上具有先进科学技术及管理能力且受人尊敬的优秀电力企业。

第三篇 "一带一路"倡议与国际投资：舆论、回应与机制探索

2013年，中国提出了"一带一路"倡议，受到了国际社会的普遍关注。2014年12月，丝路基金正式启动运作。丝路基金秉承"开放包容、互利共赢"的理念，为"一带一路"框架内的经贸合作和双边及多边互联互通提供投资和融资支持。2015年，中巴经济走廊正式启动，丝绸之路经济带与欧亚经济联盟对接，亚洲基础设施投资银行（简称"亚投行"）成立。2016年，中国与多个国家签署了"一带一路"框架下的合作协议，"一带一路"倡议首次写入联合国大会决议。2017年5月，首届"一带一路"国际合作高峰论坛在北京举行。2018年1月，中拉共同发布《"一带一路"特别声明》，"一带一路"倡议得到拉美国家的广泛认同。至此，"一带一路"延伸至拉美地区，表达了中国人民与拉美地区人民共同努力、共创美好未来的决心和愿望。

然而，由于在制度、文化以及发展路径和模式等方面的差异，"一带一路"倡议也受到不同国家和地区的质疑，其中就包括拉美地区。这种质疑反映了一些国家和地区因对中国的发展过程和机制不了解而产生的担忧。在此背景下，阐明"一带一路"的内涵及其与国际投资的关系，积极应对相关质疑之声，加强与世界的沟通与交流，积极探索"一带一路"建设项目的落地机制，是促进相互理解、激发合作意愿、推动"一带一路"建设的必要之举。为此，我们将从"一带一路"倡议提出的投资背景、体系搭建过程、相关舆论及其回应、"一带一路"项目的落地机制等方面展开分析。

第一章

"一带一路"倡议提出的投资背景及其体系搭建

第一节 "一带一路"倡议的投资背景分析

"一带一路"倡议的提出有着深刻的国际投资和中国对外投资的背景，理解这两个背景，既能够帮助国际社会深入理解"一带一路"倡议的内涵，又能够帮助我们理解国际社会提出质疑的缘由。

一、国际投资背景

纵观全球跨国投资的发展历程，我们不难发现，20世纪80年代初至21世纪初，是全球跨国投资的黄金时期。一方面，基于三次工业革命，发达国家的企业积累了很多的资本和技术，有着强烈的对外投资动机；另一方面，因早期进口替代（Import

Substitution）等工业化战略的失败，发展中国家开始实行对外开放政策，从而推动了跨国投资和全球化的发展。此外，北美自由贸易区的建立和欧洲一体化进程的推进，也促进了跨国投资和全球化的进一步发展。

然而，2008年美国爆发的金融危机向全球蔓延，引发了欧洲债务危机，全球经济持续低迷，全球化进程变缓。同时，世界各国开始深刻反思全球化发展对本国经济的影响。特别是以美国、英国为代表的发达资本主义国家，由于在全球化发展过程中所获得的巨大利益未能使本国人民过上更好的生活，导致部分受损群体有了"逆全球化"的思想。特朗普当选为美国总统、英国脱欧等事件就是全球化逆转的代表性事件。

在这种大背景下，中国领导人于2013年首次提出了"一带一路"倡议。"一带一路"倡议作为支持全球化、推动多边合作的倡议，与西方国家的单边主义及霸权主义形成了鲜明的对比。因此，"一带一路"倡议受到国际社会的广泛关注。

二、中国对外投资背景

（一）实行对外开放政策，积极引进外资

中国的开放始于1978年，之后承接了发达国家和地区转移过来的产业（主要是制造业），外资流入的数量不断增加。2008年以后，虽然全球投资总量因受金融危机的影响有所下降，但中国

依然保持外资不断增长的势头。截至2017年12月30日，我国吸引的外资存量达到14 909.33亿美元[1]，涉及制造业、信息服务业、房地产业等。[2] 中国在引进外资方面取得了丰硕的成果。外资的流入不仅推动了国民经济的发展，创造了大量的就业机会，而且带动和促进了产业链的发展。同时，中国企业也在引进外资的过程中学习了外资企业的先进经验，培养了自己的核心竞争力，并且积累了一定的国际投资能力。

经过几十年的发展，中国向世界展示了开放的成果，也向世界提供了中国的发展经验。第一，只有实行对外开放政策，积极引进外资，才能获得发展机会。第二，在开放发展过程中，政府要对外资进行适度引导，政府的引导作用至关重要。第三，外资企业只有理解、把握东道国的经济发展方向，才能够获得更多、更好的发展机会。

（二）中国的对外投资及其挑战

中国的对外投资起步较晚，直至2004年才有较为稳健的增长。之后出现的国际金融危机为发展中国家提供了难得的发展机遇。联合国贸易和发展会议（UNCTAD）提供的数据显示，中国

---

① UNCTAD. [2021-8-18]. https://unctadstat.unctad.org/wds/ReportFolders/reportFolders.aspx?sCS_ChosenLang=en.

② 商务部. 中国外商投资报告（2018）[EB/OL]. [2021-8-18]. http://images.mofcom.gov.cn/wzs/201810/20181009090547996.pdf.

的对外投资数量在2008年达到559亿美元，此后一直保持较快的增长速度。到2016年12月，中国的对外投资额已达1 961亿美元，成为全球第二大对外投资国。① 中国的对外投资与全球投资形成了"逆向而行"的态势。然而，与发达国家相比，中国显然属于"后来者"，这种国际投资地位决定了中国企业的海外投资必然要面临巨大的挑战。第一，与发达国家早期对外投资的竞争环境相比，中国企业作为"后来者"，在全球任何一个开放国家的市场上都会面临激烈的国际化竞争。第二，由于存在文化、制度、地理、经济等方面的差异，中国企业在刚刚进入东道国时往往会遭遇各种困境。近几年，随着海外投资经验的不断积累，中国企业慢慢熟悉了东道国的投资环境，采取了适度的本土化的策略，在发展过程中也为东道国创造了大量的税收和就业机会。因此，中国企业在国际上的形象也得到很大的改观。

综上所述，中国既有作为东道国开放发展、引进外资的经验，也有在对外投资过程中遭遇困境、努力克服困难的艰苦历程，这些因素共同构成了"一带一路"倡议的中国投资背景。

---

① 经济日报. 合国贸发会议报告显示：中国首次成为全球第二大对外投资国[EB/OL].（2017-06-08）[2021-8-18]. http://www.chinadaily.com.cn/interface/zaker/1142842/2017-06-08/cd_29664657.html.

第二节 "一带一路"倡议及其体系搭建

2013年,习近平主席首次提出了共建"丝绸之路经济带"和"21世纪海上丝绸之路"的倡议,这两个倡议统称为"一带一路"倡议。2015年,《推动共建丝绸之路经济带和21世纪海上丝绸之路的愿景与行动》(简称《愿景与行动》)发布,从时代背景、共建原则、框架思路、合作重点、合作机制等方面对"一带一路"倡议进行阐释。下面,我们按时间顺序来梳理一下"一带一路"倡议从概念到体系的完善过程。

一、"一带一路"倡议的体系搭建

2013年9月7日和10月3日,习近平主席分别在哈萨克斯坦纳扎尔巴耶夫大学和印度尼西亚国会的演讲中分别提出了共建"丝绸之路经济带"和"21世纪海上丝绸之路"的倡议。在这两次演讲中,习近平主席初步提出了"政策沟通、道路连通、贸易畅通、货币流通、民心相通"的"五通"合作设想,为之后中国与世界其他国家的合作奠定了基础。

"一带一路"倡议自2013年提出之后,经历了"丰富内涵和完善体系"(2013—2014年)、"明晰定位和凝聚共识"(2015—

2017年）以及"范围延展"（2017年至今）这三个阶段。

"一带一路"倡议提出之后，习近平主席多次强调了"和平合作、开放包容、互学互鉴、互利共赢"的丝路精神以及"共商、共建、共享"的合作原则，进一步丰富了"五通"思想的内涵，并将"一带一路"倡议的建设目标确定为"命运共同体"（详见表3.1.1）。

表3.1.1 "一带一路"倡议的体系框架

体系框架	具体内容	提出时间	提出场合
合作精神 （丝路精神）	和平合作、开放包容、互学互鉴、互利共赢	2014年 6月5日	中国—阿拉伯国家合作论坛
基本原则	共商、共建、共享		
合作重点	政策沟通、设施联通、贸易畅通、资金融通、民心相通	2014年 11月8日	"加强互联互通伙伴关系"东道主伙伴对话会
建设目标	命运共同体	2015年 3月26日	博鳌亚洲论坛年会

资料来源：由笔者根据相关资料整理得到。

"一带一路"倡议提出后，引起了国际社会的广泛关注，其中也有不少质疑之声。2015—2017年，习近平主席对主要的质疑进行了回应，进一步明晰了"一带一路"倡议的定位，并与各个合作国家形成了更多的共识。

有人认为，"一带一路"倡议具有替代性和排他性。对此，习近平主席在2015年3月28日举行的博鳌亚洲论坛年会和同年11月18日召开的亚太经合组织工商领导人峰会上强调，"一带一路"

是在已有基础上，推动沿线国家实现发展战略相互对接、优势互补，推动经济全球化朝着更加开放、包容、普惠、均衡的方向发展。

有人认为，"一带一路"倡议是地缘政治的工具，是"中国版的马歇尔计划"。习近平主席分别在2017年5月举行的北京"一带一路"国际合作高峰论坛和同年9月举行的金砖国家工商论坛上明确表明，中国不会重复地缘博弈的老套路，而将开创合作共赢的新模式；"一带一路"倡议不是对外援助计划，而是共商、共建、共享的联动发展倡议。在此基础上，我国与各合作国家在"一带一路"的目标、意义、合作重点等方面形成了广泛的共识。

"一带一路"倡议在2013年提出时，主要涉及亚、欧、非地区。随着"一带一路"倡议的不断完善及其在建设实践中的逐步推进，"一带一路"也向更广的范围延伸。在2017年举行的"一带一路"国际合作高峰论坛上，习近平主席指出，亚洲、欧洲、非洲和美洲都是"一带一路"国际合作的伙伴。2018年1月22日，习近平主席在《致中国—拉美和加勒比国家共同体论坛第二届部长级会议的贺信》中强调，中拉曾在历史上开辟了"太平洋海上丝绸之路"，此后要"共建'一带一路'新蓝图，打造跨越太平洋的合作之路"。因此，"一带一路"的合作范围明确延伸至拉美地区。

二、"一带一路"倡议与中国的发展和世界形势的变化密切相关

首先，从中国自身的角度看，"一带一路"倡议是在中国推行改革开放政策、取得显著成就的基础上提出的，其思想渊源与中国自身开放发展的经验密切相关。中国在开放发展中深刻体会到引进外资的必要性，积累了合理利用外资、逐步取得发展的实践经验，探索了"基础设施先行、政府政策引导、充分发挥市场机制作用"的有效发展方式。中国在全球化时代的发展经验对其他发展中国家也有重要的借鉴意义。"一带一路"倡议是一个合作型倡议，表明中国愿意与广大发展中国家分享发展经验，共建美好未来。

其次，"一带一路"倡议的提出与中国企业对外投资的发展经历密切相关。2004—2013年，中国对外投资稳步增长，中国企业在对外投资的过程中积累了丰富的经验。在这段时间里，作为国际投资的"后来者"，中国企业也经历了一个艰苦的成长过程。中国企业对东道国投资环境由不熟悉到熟悉，从单纯地把握投资机会到积极探索合理的本土化策略，具备了一定的国际化能力。中国企业的国际化发展之路必然受到一些国家的关注，甚至遭到它们的质疑。在此背景下，中国政府明确了"一带一路"倡议的"和平合作、开放包容、互学互鉴、互利共赢"的合作精神，为中国企业的海外投资指明了方向，也向世界表明了中国融入世界的诚恳态度。

最后，"一带一路"倡议为全球化的和谐发展注入了新的活力。如前文所述，全球经历了一段"和谐全球化"的投资发展时期。然而，国际金融危机的重创、发达国家内部矛盾的激化以及单边主义和霸权主义的强势回归，导致"逆全球化"的趋势更加明显。然而，世界大多数国家仍然对多边主义和全球化发展抱有积极的态度。中国提出了"一带一路"倡议，明确了共建"命运共同体"的发展目标，为全球化的和谐发展注入了新的活力。

第二章

"一带一路"投资实践中的舆论挑战和我们的回应

第一节 "一带一路"倡议在世界经济及投资领域遇到的质疑

一、"一带一路"倡议的相关舆论

近些年，国际社会对"一带一路"倡议的关注度呈上升趋势。"一带一路"倡议刚提出的时候，国际社会的关注度并不高。2015年以后，随着国家领导人对"一带一路"的明确定位与实际推动，国际社会的关注度才越来越高。特别是在2017年5月举办了第一届"'一带一路'国际合作高峰论坛"之后，国际社会的关注度就更高了。[①] 这也意味着我们面临的舆论压力会越来越大。

---

① 中国一带一路网. 数据观丨"一带一路"这五年：舆论态度转变，网民充满期待[EB/OL].（2018-09-20）[2021-8-18]. https://www.yidaiyilu.gov.cn/ghsl/slsg/66757.htm.

就舆论关注的内容而言，存在积极与消极两个方面。积极的言论主要体现在以下几个方面：认识到"一带一路"是一个合作倡议，是国际合作交流的平台；认为"一带一路"将推动基础设施建设，有助于实现互联互通，为全球经济发展提供新的动力；"一带一路"倡议是在"逆全球化"的趋势下提出的，主要目的在于发展多边关系，促进贸易和投资（徐四海和张海波，2018）。消极的言论主要在于：怀疑"一带一路"倡议的政治目的和经济意图，认为"一带一路"倡议是一种地缘政治工具，是超规模的马歇尔计划和新殖民主义[①]，是服务于中国经济的单方考量（马建英，2015；韦宗友，2018等）。中国领导人在重要的国际交流场合对相关质疑进行了回应，而更多的消极言论则指向了经济及投资领域。

二、"一带一路"倡议在世界经济及投资领域遇到的质疑

基于国际投资视角，我们从投资动机、项目实施和投资影响这三个方面对"一带一路"倡议在经济及投资领域遇到的质疑进行归纳和总结。

[①] 美国媒体（王晓昆，2018）、加拿大媒体（朱琼莉和邹萍，2018）、法国媒体（尹明明和陈梦笸，2017）等均有相关的报道。

（一）投资动机

国外对中国投资动机的质疑主要体现在以下两个方面。

第一，认为"一带一路"倡议是在中国国内经济增长变缓的情况下不得不采取的一种只为中国经济服务的策略，甚至认为它是中国经济对外扩张的一种方式。美国《华盛顿邮报》指出，"一带一路"倡议的首要动机是在经济方面，是为中国寻找经济增长方式的新引擎，企图利用海外市场来应对中国国内缓慢的经济增长局势（韦宗友，2018）。美国《纽约时报》也有报道强调，中国希望借助"一带一路"倡议来转移国内的过剩产能："对中国来说，'一带一路'的好处可能非常大，中国的钢铁、玻璃和水泥太多了，中国需要为过剩的产能寻找海外市场。"[1] 墨西哥《先驱报》认为，"一带一路"倡议实际上是一项经济渗透计划，为中国打开了本国资本、商品和服务输出的大门，旨在向沿线国家和地区输出合作模式（徐四海和张海波，2018）。

第二，质疑中国旨在通过"一带一路"倡议来控制并获取沿线国家的自然资源。法国媒体就有报道认为，中国希望通过实施"一带一路"倡议来控制并获取中东及其他地区的石油、天然气、矿产等自然资源（尹明明和陈梦笆，2017）。美国的《华盛顿邮报》和《纽约时报》均有类似的报道（韦宗友，2018）。

---

[1] China's Newest Propaganda Format: Children's Bedtime Stories[N]. The New York Times, 2017-05-09。

（二）项目实施

随着"一带一路"项目的推进，国际社会把关注的焦点从投资动机转向了"一带一路"项目本身。"一带一路"项目在具体实施层面上，主要面临着以下两个方面的质疑。

第一，认为"一带一路"项目的相关信息不透明、不完善。Kohli和Zucker（2018）指出："中国缺乏关于'一带一路'项目的实际信息。"龚婷（2015）和王颖（2018）在对"一带一路"舆论反应的研究中也提到了这一点。具体来看，主要有以下两点。首先，有言论指出，"一带一路"的设计缺乏明确的业绩指标。例如，卡内基莫斯科中心（Carnegie Moscow Center）俄罗斯亚太项目负责人Alexander表示："'一带一路'没有明确的业绩指标。"[1] 其次，一些言论认为，相关合作项目缺乏详细、具体的实施方案（龚婷，2015）。此外，还有一些言论对"一带一路"项目资金的落实情况表示怀疑。美国主流媒体总体上认为，中国对"一带一路"沿线国家的实际投资并不多（韦宗友，2018）。法国媒体也有类似的报道（尹明明和陈梦笆，2017）。

第二，质疑"一带一路"项目实施的可行性，认为合作项目存在各种潜在的风险。首先，一些东道国可能会出现政权的更迭

---

[1] How Putin Plans to Cash In on The One Belt One Road Initiative.[EB/OL].（2017-05-16）[2021-8-18]. https://carnegiemoscow.org/2017/05/16/how-putin-plans-to-cash-in-on-one-belt-one-road-initiative-pub-69998.

现象，并导致政治反弹（Kohli和Zucker，2018）。与中国国内稳定的政治环境不同，西方民主制度下各党派之间会有强烈的纷争。在政权更迭现象出现后，部分投资项目（特别是有影响力的投资项目）往往会成为东道国社会争论的焦点。其次，一些"一带一路"沿线国家的政府运转效率较低，对大型投资项目的需求和风险评估的能力非常有限（Kohli和Zucker，2018）。一些沿线国家仍然属于低收入的国家经济体，并没有达到国际开发银行的放贷标准（Kohli和Zucker，2018）。在这种情况下，中国宽松的借贷政策会有潜在的投资风险。最后，有些"一带一路"项目跨越了多个国界，与多个国家在共同设计、实施和运作等方面也会面临巨大的挑战（Kohli和Zucker，2018）。

（三）投资影响

"一带一路"倡议已经推出了多年，一些投资项目也在实施过程中，国际上对"一带一路"倡议的讨论也进一步延伸到投资结果的影响上。

第一，认为"一带一路"建设项目会给东道国带来巨大的债务压力，使其陷入中国设计的"债务陷阱"。例如，《华盛顿邮报》和《环球邮报》都对斯里兰卡的汉班托塔港项目进行了报道，认为中国是用"债务外交"的方式欺负斯里兰卡，[①]并担心其他国

---

① Adam Taylor. Why countries might want out of China's Belt and Road[N]. The Washington Post, 2018-08-22。

家也会陷入中国设计的"债务陷阱"。[①] 意大利的《晚邮报》也有类似的报道。[②] 另外，哥斯达黎加的《金融家报》指出："来自中国的投资和贷款对一些财政状况不好的沿线国家可能会产生负面影响。"[③]

第二，认为中国投资可能会冲击东道国的就业以及本土企业的发展。Kohli等人指出，大多数"一带一路"建设项目明显缺乏竞争性，东道国不会真正受益（Kohli和Zucker，2018）。此外，部分发展中国家的媒体也表达了同样的观点。例如，巴基斯坦的媒体就有报道指出，中国企业会像洪水一样涌入巴基斯坦国内，控制当地的经济，并打压本土企业（王茜婷，2017）。

第三，一些投资项目可能会对东道国的环境产生负面影响。对"一带一路"建设项目是否能够遵循国际认同的环境标准，是国际社会共同关注的问题。中国投资者在一些国家开发燃煤发电厂，寻找新的石油产能，破坏了当地的生态，对当地的环境造成了不良影响（Kohli和Zucker，2018）。

---

① Frank Ching. Is China's Belt and Road plan a debt trap?[N]. The Globe and Mail, 2018-09-01。

② Milena Gabanelli and Danilo Taino.Mille miliardi sulla Via della Seta [N]. Corriere della Sera, 2018-09-10。

③ Manuel Avendaño A. Costa Rica ingresa a 'Las Rutas de la Seda': la iniciativa china para extender su supremacía mundial[N]. El Financiero, 2018-09-06。

第二节　对世界经济及投资领域相关质疑的分析与回应

国际社会对"一带一路"倡议提出的各种质疑，中国国家领导人在一些重要的国际场合已有回应，我们不再赘述。下面，我们对"一带一路"倡议在世界经济及投资领域遇到的舆论挑战也从投资动机、项目实施、投资影响三个方面进行分析，并给予回应。

一、投资动机

首先，"中国产能过剩，需要通过获取自然资源来支持经济发展"，是中国当前的现实状况。中国在过去几十年的发展过程中建立了以制造业为核心的工业体系，成为全球的制造业中心，但本国缺乏足够的自然资源来支持工业的发展。近年来，由于全球经济放缓，外贸市场疲软，同时国内经济发展速度变缓，制造成本上升，这些因素共同导致国内产能出现过剩的状况。因此，市场寻求型和资源寻求型的对外投资，成为中国跨国企业发展的必由之路。这与早期发达国家跨国企业的发展并无本质区别。

其次，从投资角度看，只有企业具有所有权优势、东道国具有区位优势等条件下，企业的国际投资才有可能获得成功。中国作为投资国，已经具备了生产优质产品的能力，这正是中国企业进行海外投资的所有权优势。东道国普遍具有基础设施建设方面的迫切需求，中国企业积极参与东道国基础设施建设，从而满足了东道国的建设需要。中国的发展需要更多的资源，而一些拥有丰富资源的国家也需要通过出口本国的资源来获取更大的发展。例如，中国在20世纪90年代的高速发展也使拉美地区一些资源大国（如巴西等）大大受益。因此，认为"一带一路"倡议仅服务于中国自身利益的言论与事实完全不符。

最后，中国也充分考虑到东道国有其发展目标以及相应的发展模式。中国企业的对外投资是在充分尊重东道国的发展目标以及相应的发展模式下进行的。同时，东道国也意识到中国经验及发展能力的重要性，愿意通过政策联通、共商共建等方式，共同探讨合作发展方案。这正是"一带一路"作为合作型倡议的重要表现。

二、项目实施

第一，质疑者对"一带一路"倡议的本质缺乏深刻的理解。"一带一路"属于合作型倡议，中国不可能单方面做出详细的方案，任何方案都要在东道国有明确合作意愿的前提下，才能通过共商的方式确定下来。

第二，由于"一带一路"沿线国家在文化、制度、地理、经济等方面存在较大的差异，特别是针对大型基础设施项目，各国实施项目的能力和方式也不尽相同。因此，无论是关于合作方式的沟通，还是针对项目的具体实施过程，都需要投入大量的人力、物力和财力。

第三，在西方民主政治体制内，政权的更迭往往会出现"对前一任政府批准的项目进行重新审核"的情况。由于基础设施项目资金多、影响大，所以它常常成为重点审核的对象。此类情况一旦出现，对项目自身信息的披露就会有更严苛的要求。此外，与美国提出的"新丝绸之路倡议"和日本提出的"亚洲基建投资计划"相比，"一带一路"倡议具有彻底的"共商""合作"等性质。在各个国家文化、制度等不同的条件下如何实现"一带一路"项目的合作，中国还在探索过程中。事实上，中国已经在信息公开方面做出了很大的努力。2017年3月，"中国一带一路网"开始上线运行，该网站全面、客观地介绍了"一带一路"项目的新进展和新成果。此外，对于某些项目更加详细的信息，可以在相关项目公司的官方网站上查询。

对"一带一路"项目可行性的质疑，反映了质疑者对"一带一路"沿线国家投资环境的深刻理解，同时进一步印证了中国是海外投资"后来者"的事实。虽然中国存有与"一带一路"沿线国家共赢发展的美好愿望，但在合作倡议刚提出时，由于中国企业对沿线国家的投资环境缺乏了解，特别是对沿线国家的政治体制和经济运行状况并不熟悉，导致相关合作项目面临巨大的挑战。经过多年的努力，中国企业对"一带一路"沿线国家的投资环境有了进一步理解。而且，随着中国企业在全球投资经验的积累，中国企业与东道国企业以及国际金融机构合作，充分发挥各自的优势，获得共同发展。

三、投资影响

"一带一路"项目对东道国的债务负担、本土企业的发展以及环境保护等方面产生的影响，就是对外开放政策实施后对东道国产生的影响。从20世纪90年代开始，这方面的讨论就没有停止过。中国经历了40多年的改革开放后，对上述问题也有非常深刻的认识。

一是"一带一路"项目可能会增加东道国债务负担的问题。从中国对外开放的经验来看，基础设施的建设对中国经济的持续、高速的发展起到了关键作用。同时，中国也曾通过发行国债等方式来积累建设资金，这是扩大发展规模、创造发展机会的必然结果。

二是"一带一路"项目对东道国本土企业产生影响的问题。从各国经济发展过程来看，在开放过程中采取不同的政策来扶持本土企业的发展，一直是各国政府非常重视的问题。而且，中国政府鼓励外资企业与本土企业展开各种形式的合作，结果产生了大量外商投资的溢出效应。我们反观拉美国家，在20世纪八九十年代，各国政府对本土企业没有明确的扶持政策，最终导致大部分本土企业被排挤出去，只有少量的本土精英企业得到发展。由此可见，对外开放政策对本土企业的影响，很大程度上是东道国市场机制对本土企业产生作用以及政策选择的结果。当前，中国在东道国投资的过程中，也注意到东道国有扶持本土企业的意愿。例如，在项目投标时，东道国更愿意选择有本地合作伙伴的外资企业。同时，中国企业通过前期海外投资积累的经验，在东道国采取了一系列本土化策略，包括雇佣本地员工、与本土企业合作等，这些做法客观上为东道国经济的发展创造了大量的机会。

三是"一带一路"项目可能会对环境造成不良影响的问题。自"一带一路"倡议提出以来，中国已经明确将环保问题置于首位。习近平主席在"一带一路"国际合作高峰论坛上强调，要践行绿色发展的新理念，[1]并且在2018年的中非合作论坛北京峰会上提出，"要把'一带一路'建设成为绿色之路"。[2]在绿色理念的指引下，中国企业严格执行东道国的生态环保要求。[3]例如，中方负

---

[1] 新华网. 习近平在"一带一路"国际合作高峰论坛开幕式上的演讲[N/OL].（2017-05-11）[2021-8-18]. http://www.xinhuanet.com//2017-05/14/c_1120969677.htm.

[2] 新华网. 习近平在2018年中非合作论坛北京峰会开幕式上的主旨讲话（全文实录）[N/OL].（2018-09-13）[2021-8-18]. https://baijiahao.baidu.com/s?id=1610600083673071530&wfr=spider&for=pc.

[3] 新华网. 李干杰："一带一路"只有走绿色发展之路才能行稳致远[N/OL].（2018-3-18）[2021-8-18]. http://www.yidaiyilu.gov.cn/xwzx/gnxw/50456.htm.

责建设的巴基斯坦萨希瓦尔燃煤电站项目中，二氧化硫和氮氧化物的平均排放量分别为180毫克/立方米和300毫克/立方米，远远低于当地的排放标准。[①] 此外，无论是传统能源项目还是可再生能源项目，中国企业都是按照当地的环保要求进行的。

---

① 中国经济时报. 绿色发展助 "一带一路" 行稳致远[N/OL].（2018-9-7）[2021-8-18]. http://dy.163.com/v2/article/detail/DR3I51ON0512D71I.html.

第三节 "一带一路"倡议在拉美国家经济及投资领域遇到的质疑和我们的回应

下面，我们进一步对"一带一路"倡议在拉美国家经济及投资领域遇到的质疑进行深入分析。这些拉美国家包括智利、秘鲁、巴拿马、哥斯达黎加、巴西、阿根廷和墨西哥等。在这些拉美国家当中，前四个国家与中国签署了"一带一路"合作协议，后三个国家还没有跟中国签署"一带一路"合作协议。我们对前四个国家的舆论分析，主要基于这四个国家的主流媒体关于"一带一路"的报道，主要数据来源于Factiva数据库。其中，智利的主流媒体包括《信使报》《三点钟报》《金融日报》等，秘鲁的主流媒体包括《共和国报》《秘鲁21报》《商报》等，巴拿马的主流媒体包括《星报》《巴拿马自由评论报》等，哥斯达黎加的主流媒体是《民族报》。对后三个国家的舆论分析主要基于已发表的与"一带一路"有关的文献资料。

一、拉美国家舆论对"一带一路"倡议的关注

根据我们从Factiva数据库的检索到的信息，从2018年开始，拉美各国主流媒体对"一带一路"报道的数量明显增多。其中，

以智利和巴拿马为代表的拉美国家的主流媒体对"一带一路"的关注越来越多。从单个媒体报道的数量来看，巴拿马的《星报》和智利的《信使报》对"一带一路"报道的数量排在前两位。

从舆论导向上看，积极舆论要多于消极舆论。这种情况在智利和巴拿马更加明显。在我们收集的样本中，智利正面报道的数量与负面报道的数量分别为91篇和15篇；巴拿马正面报道的数量为83篇，而负面报道的数量只有8篇。消极舆论明显居多的国家是巴西，巴西还没有跟中国签署"一带一路"合作协议（钟点，2018）。

从舆论关注的领域来看，经济及投资领域是拉美国家关注的重点。该领域的积极言论要多于消极言论。拉美国家肯定了"一带一路"对多边合作和全球化发展的促进作用，认为"一带一路"能够提供很多合作机会，可以给东道国带来各种发展机遇，包括贸易、投资、基础设施建设等。以巴拿马为例，巴拿马媒体对巴拿马—奇里基铁路、巴拿马运河第四大桥等项目给予了充分的肯定。巴拿马政府表示，希望"一带一路"能够带来更多的发展机会。

二、"一带一路"倡议在拉美国家经济及投资领域遇到的质疑

与全球其他国家相比，拉美国家在经济及投资领域对"一带一路"的看法并没有很大的差异，也是集中在投资动机、项目实

施和投资影响这三个方面。

在投资动机方面，拉美国家普遍认为，"一带一路"倡议是中国单方面为中国经济寻求海外市场的发展计划。甚至有人认为，这是中国的经济扩张和渗透计划。秘鲁《商报》的一篇报道指出，"一带一路"倡议是中国政府为了给本国过剩的产能寻求海外市场。巴西媒体的报道往往将"一带一路"倡议与"中国经济扩张论"联系在一起。比如，《圣保罗州报》一篇报道指出，"一带一路"倡议是中国在全球化时代实现经济扩张的重要砝码（钟点，2018）。墨西哥《先驱报》的一篇报道认为，"一带一路"倡议实际上是一项经济渗透计划，旨在向世界一些欠发达的国家和地区输出合作模式，其中就包括拉美地区（徐四海和张海波，2018）。

在项目实施方面的质疑主要体现在以下两个方面。第一，一些媒体认为，"一带一路"项目缺乏透明度。智利、秘鲁以及哥斯达黎加等国的主流媒体均有所提及。我们以智利为例，在"一带一路"还未延伸到拉美地区之前，智利《金融日报》的一篇报道曾指出，"一带一路"倡议缺少实质性内容，但后期没有相关报道。智利参与"一带一路"项目建设后，智利的相关媒体反而对"一带一路"倡议的内涵有了比较清楚的报道。第二，一些媒体对"一带一路"项目的可行性提出了质疑。这其实是对东道国和中国都提出了质疑。一些媒体认为，东道国政府的腐败问题及其能力上的不足将会影响"一带一路"项目的顺利推进。一些媒体同时指出，东道国市场动荡不安，存在很大的风险。一些媒体还认为，中国经济增长速度变缓会影响到"一带一路"项目的投资。比如，秘鲁《商报》的一篇报道认为，中国面临的增长危机会对拉美国家的经济产生重大影响，因为中国政府没有足够的资源为这种海外项目提供资金。

在投资影响方面，主要包括以下几点。第一，担心"一带一路"项目会给东道国带来债务风险。比如，秘鲁《21世纪报》的一篇报道认为，中国利用"一带一路"倡议向落后国家发放福利，"这些落后国家最终会欠中国政府的债"。巴拿马《星报》的一篇报道指出，巨大的机会都代表着巨大的风险，"一带一路"项目会让东道国承担巨额债务。这些报道大多数援引欧美国家媒体发布的言论。第二，对拉美国家能够从"一带一路"项目中受益提出质疑。一些媒体甚至指认为，"一带一路"项目实际上是"无用的项目"，不能满足东道国的实际需求，只对中国单方面有很大的益处。第三，"一带一路"项目的建设会对东道国环境造成不利影响。比如，巴西媒体在报道"一带一路"在建的项目时，常常联系到中国的环境污染问题（钟点，2018）。秘鲁《商报》的一篇报道指出，中国在拉美国家建设燃煤发电厂，不仅会增加二氧化碳的排放，还会在这些国家建立以煤炭为基础的能源基础设施。

三、分析与回应

拉美国家对"一带一路"倡议提出的质疑，与其他国家并无显著区别。由于前文已有相关陈述，所以我们在此主要结合拉美国家的现实状况进行简要分析和回应。

关于媒体对中国投资动机的质疑，体现了一些拉美国家对中国所谓的"经济扩张"或"经济渗透"产生担忧，这与它们的经济发展战略密切相关。当前，一些拉美国家已经由"进口替代"转向"出口导向"，加强对本国工业的保护。因此，由于客观差异的存在，在不了解"一带一路"倡议内涵的情况下，难免会担心中国要进行产能输出。需要指出的是，市场寻求型动机是企业对外投资的合理动机。"一带一路"倡议是合作型倡议，是在自愿的基础上开展的合作，而不是单方面的"输出"。

关于媒体对"一带一路"项目实施提出的质疑，主要表现在以下两个方面。首先，对"一带一路"项目的透明度提出质疑，很大程度上与"一带一路"倡议在早期没有延伸到拉美地区有关。"一带一路"延伸到拉美地区以后，相关质疑逐渐消失。其次，对"一带一路"项目实施的可行性提出质疑，这与拉美地区的环境有很大的关系。拉美地区与中国距离遥远，拉美国家的投资环境与中国也存在巨大的差异，中国作为拉美地区市场上典型的"后来者"，确实面临着巨大的挑战。但我们注意到，一些中国先锋企业已经通过实际行动在拉美地区实现了合作共赢，我们前面提到的三个案例就是很好的证明。

关于媒体对"一带一路"项目建设影响提出的质疑，我们从以下三个方面进行分析。第一，拉美国家对债务风险的担忧，与它们的历史和现实境遇存在很大的关系。20世纪90年代，拉美国家曾遭遇巨大的债务危机。当前，很多拉美国家的债务负担越来越大，所以在欧美国家媒体的大肆炒作下，许多拉美国家担心"一带一路"项目会带来债务风险。在这种背景下，一些拉美国家已经在相关领域进行了尝试，比如，在基础设施建设领域采取PPP模式，中国的投资也会尊重东道国的市场规则。第二，对东道国是否真正受益存在各种质疑。"一带一路"建设的目标就是合作共赢。项目是否符合东道国的需求，是否有必要实施等问题，都是在尊重东道国意愿的基础上进行的。在前文三个案例的分析中我们也能看到，中国企业在拉美地区的投资已经取得了诸多合作共赢的成果。第三，"一带一路"项目会对东道国的环境造成不良影响。由于拉美国家的环保制度与中国存在很大的差异，中国作为拉美地区市场的"后来者"，部分企业在拉美地区的早期发展确实在环保方面做得不够好，但"一带一路"倡议提出后，中国已经将环保问题提到了重要位置，企业的投资必将会尊重东道国的环保要求。而且，随着经验的积累，企业处理环保问题的方法会更加妥当。在前文提到的案例中，国家电网在巴西的投资就是其中的典范，巴控公司在环保方面的做法得到了当地环保机构的高度赞赏。

拉美地区关于"一带一路"的舆论与其他地区存在很大的相似性，但也有一定的差别。拉美地区与其他地区一样，对"一带一路"倡议非常关注，正面和负面的舆论都有，在经济及投资领域的主要舆论均围绕着投资动机、项目实施和投资产生的影响等方面展开。事实上，拉美国家提出的质疑大多数转自欧美国家的媒体。拉美地区关于"一带一路"的舆论与其他地区也存在一定的差别。首先，拉美国家关注"一带一路"倡议的时间相对较晚，这与拉美国家与中国距离遥远并且"一带一路"倡议在早期并未延伸至拉美地区有关。其次，与欧美国家的舆论相比，拉美国家的舆论相对比较友好。以智利和巴拿马为代表的拉美国家已经参与到"一带一路"项目的建设中，所以它们主要是对"一带一路"项目的风险提出质疑。无论是从历史角度还是从现实角度考虑，债务负担都是拉美国家普遍关注的问题。

第四节　对"一带一路"项目落地机制的探索

一、中国企业具备海外投资的重要基础

中国企业具备海外投资的重要基础，我们以前文所述的三个案例进行说明。第一，三个案例均反映了中国企业投资拉美地区具有合理的动机。第二，在对外投资之前，这些企业在国内发展和早期的国际化过程中已经积累了一定的能力。这些能力为特定的投资项目提供了重要的支持。第三，这些企业都选择了合理的进入方式和本土化发展策略。第四，这些企业的海外投资都取得了良好的效果，符合"共商、共建、共享"的原则。

二、以国家电网投资巴西为例，对"一带一路"项目的落地机制进行探索

中国企业的海外发展为"一带一路"项目的实施奠定了基础。如何推动项目的实施，需要切实可行的方法。下面，我们以国家电网投资巴西为例进行说明。

首先，国家电网对巴西的投资，符合巴西当地的发展政策。

同时，国家电网有意识地向巴西相关部门推介中国先进的特高压输电技术，并努力促成双方合作。国家电网很早就看到了巴西对远距离输电的需求。因此，在刚进入巴西电力市场的时候，国家电网就制定了特高压输电技术在巴西推广应用的策略，并与巴西的电力监管部门进行协商。于是，巴西的EPE中心对美丽山水电站项目采用特高压输电技术的可行性进行了研究。EPE中心邀请国家电网、西门子、ABB等公司共同探讨各种实施方案，而国家电网给予了积极回应，不仅派遣专家到巴西分享技术和经验，而且主动邀请巴西的电力监管部门以及同行到中国进行实地考察。最后，EPE中心在5个备选方案中最终选择了±800kV直流特高压技术作为美丽山水电站输电项目的技术方案。国家电网的特高压输电技术和经验是它能够拿下该项目的关键因素。

其次，国家电网能够主动学习并掌握东道国的市场规则，在东道国发挥自身优势，参与市场竞争，并拿下相关项目。在这个过程中，国家电网通过巴控公司进行项目投资与建设，与本地企业组成联营体进行投标，逐步提高自身的能力。巴控公司最终成为巴西电力市场上不可或缺的力量。

结论与对策

我们通过以上分析，可以得出如下结论。首先，"一带一路"倡议是中国向世界提出的合作型倡议，是中国与"一带一路"沿线国家合作共赢的开创性方案。作为海外市场的"后来者"，中国企业结合自身的经验与能力，与"一带一路"沿线国家一起探索合作发展之路。其次，"一带一路"倡议是在世界发生重大变化、全球化趋势明显逆转等背景下提出的。在一些国家对中国缺乏充分了解的情况下，中国的崛起吸引了全球目光，其中肯定会有一些不同的声音存在。因此，我们应该从以下三个方面提出相关对策。

第一，要让世界其他国家深入了解中国，共同发扬"一带一路"倡议的合作精神。纵观世界发展历史，大国的崛起都会伴随一些纷争出现。当前，在全球化背景下，世界很多国家进行了区域一体化发展的尝试，但在单边主义和霸权主义强势回归的形势下，一些国家对合作发展的信心不足。中国坚持走和平发展道路，明确提出了的"一带一路"合作倡议，希望在合作中加深了解，实现共赢。

第二，积极探索"一带一路"倡议的实现机制和路径。"一带一路"倡议作为合作型倡议，倡导各国政府通过"战略对接"

来实现密切合作，共同发展，这本身就是一个创举，但合作只针对有合作意愿的国家。目前，"一带一路"倡议的提出已有多年，中国企业也积累了一些国际化经验。中国当前的迫切任务是依据这些年积累的技术和经验，积极探索出"一带一路"倡议的实现机制和路径，并最终构建"人类命运共同体"。

第三，加强"一带一路"倡议的智库建设。"一带一路"倡议是合作型倡议，这种合作首先是国与国之间的合作，然后是企业之间的合作。相关项目需要企业之间进行对接，最终由企业完成一体化运作。因此，"一带一路"项目需要有知识储备和有行动力的智库组织提供支持。"一带一路"建设是一项系统工程，因此，要让世界其他国家了解中国，熟悉中国。此外，中国需要积极融入世界，努力推动合作，实现共赢。中国需要与"一带一路"沿线国家加强教育、文化等领域的广泛交流，加强智库建设，努力发挥智库的支持作用。

主要参考文献

一、中文文献

[1] 刘振亚. 超越·卓越[M]. 北京：中国电力出版社，2016.

[2] 赵江林. 中美丝绸之路战略比较研究：兼议美国新丝绸之路战略对中国的特殊意义[M]. 北京：社会科学文献出版社，2015.

[3] 陈红儿，孙卫芳. 跨国公司跨文化管理研究综述[J]. 湖北经济学院学报，2007（4）.

[4] 陈慧，车宏生，朱敏. 跨文化适应影响因素研究述评[J]. 心理科学进展，2003（6）.

[5] 陈涛涛，顾凌骏，柳士昌. 复杂环境下特定国家的产业发展机会——一个综合性分析框架[J]. 国际经济合作，2015（12）.

[6] 陈涛涛，柳士昌，徐润. 政府与外资在发展进程中的作用和相互关系——基于智利工业化策略的成功案例[J]. 国际经济合作，2018（2）.

[7] 陈涛涛，宋爽. 中国跨国公司全球化与本土化战略选择——以中国建筑工程总公司投资美国为例[J]. 国际经济合作，2012（9）.

[8] 陈涛涛，徐润，金莹，顾凌骏. 拉美基础设施投资环境和中国基建企业的投资能力与挑战[J]. 拉丁美洲研究，2017（3）.

[9] 陈志红. 跨文化团队创新绩效之心理距离效应研究[J]. 江苏社会科学，2017（4）.

[10] 邓明. 制度距离"示范效应"与中国OFDI的区位分布[J]. 国际贸易问题，2012（2）.

[11] 董惠梅. 文化距离对我国企业国际化空间导向的影响——以纺织企业为例[J]. 经济管理，2007（7）.

[12] 贺书锋，郭羽诞. 中国对外直接投资区位分析：政治因素重要吗？[J]. 上海经济研究，2009（3）.

[13] 洪惠雨，叶欣梁，孙瑞红. 跨文化管理理论的演进与比较研究[J]. 经济研究导刊，2018（33）.

[14] 黄美丽. 中国对外工程承包企业海外人力资源属地化管理思考[J]. 低碳世界，2018（12）.

[15] 姜朋，丽吉娅·毛拉·科斯塔，陈涛涛. 对外直接投资中的劳动法因素：巴西与中国的比较[J]. 国际经济合作，2015（1）.

[16] 蒋冠宏. 制度差异、文化距离与中国企业对外直接投资风险[J]. 世界经济研究，2015（8）.

[17] 李彦亮. 跨文化冲突与跨文化管理[J]. 科学社会主义，2006（2）.

[18] 马建英.美国对中国"一带一路"倡议的认知与反应[J]. 世界经济与政治，2015（10）.

[19] 毛基业，张霞. 案例研究方法的规范性及现状评估——中国企业管理案例论坛（2007）综述[J]. 管理世界，2008（4）.

[20] 孟凡臣，刘南，M Steppler. 中外跨文化团队合作的成功因素分析[J]. 北京理工大学学报（社会科学版），2006（3）.

[21] 潘镇. 制度距离与外商直接投资——一项基于中国的经验研究[J]. 财贸经济，2006（6）.

[22] 潘镇. 制度质量、制度距离与双边贸易[J]. 中国工业经济，2006（7）.

[23] 潘镇，殷华方，鲁明泓. 制度距离对于外资企业绩效的影响——一项基于生存分析的实证研究[J]. 管理世界，2008（7）.

[24] 綦建红，李丽，杨丽. 中国OFDI的区位选择：基于文化距离的门槛效应与检验[J]. 国际贸易问题，2012（12）.

[25] 綦建红，杨丽. 中国OFDI的区位决定因素——基于地理距离与文化距离的检验[J]. 经济地理，2012（12）.

[26] 綦建红，杨丽. 文化距离与我国企业OFDI的进入模式选择——基于大型企业的微观数据检验[J]. 世界经济研究，2014（6）.

[27] 乔明哲，陈德棉.跨文化团队内部冲突及其管理策略研究[J]. 科技管理研究，2010（4）.

[28] 秦学京. 企业跨国经营中的文化冲突与融合[J]. 经济与管理，2005（5）.

[29] 唐宁玉，李宜菁，张静抒. 跨文化团队效能：文化智力的视角[J]. 上海管理科学，2009（6）.

[30] 陶向南，赵曙明. 国际企业人力资源管理研究述评[J]. 外国经济与管理，2005（2）.

[31] 田晖，蒋辰春. 国家文化距离对中国对外贸易的影响——基于31个国家和地区贸易数据的引力模型分析[J]. 国际贸易问题，2012（3）.

[32] 万伦来，高翔. 文化、地理与制度三重距离对中国进出口贸易的影响——来自32个国家和地区进出口贸易的经验数据[J]. 国际经贸探索，2014（5）.

[33] 汪建成，毛蕴诗. 跨国公司全球战略——基于国际生产折衷理论的整合与拓展[J]. 国际经贸探索，2007（8）.

[34] 王光辉，刘峰，郭丽峰. 联想的国际化道路[J]. 高科技与产业化，2011（7）.

[35] 王茜婷. 如何正确引领"一带一路"的国际舆论——以中巴经济走廊项目为例[J]. 传媒，2017（2）.

[36] 王雪青，李诗娴. 多文化团队中跨文化沟通的解决模型——以国际工程项目为例[J]. 华东经济管理，2010（12）.

[37] 王颖. 日媒如何报道"一带一路"高峰论坛[J]. 青年记者，2018（3）.

[38] 韦宗友. 美国媒体对"一带一路"倡议的认知——基于美国三大主流媒体的文本分析[J]. 国际观察，2018（1）.

[39] 吴群锋，蒋为. 全球华人网络如何促进中国对外直接投资？[J]. 财经研究，2015（12）.

[40] 徐四海，张海波. 墨西哥媒体"一带一路"报道特征研究[J]. 国际传播，2018（1）.

[41] 阎大颖. 国际经验、文化距离与中国企业海外并购的经营绩效[J]. 经济评论，2009（1）.

[42] 阎大颖. 制度距离、国际经验与中国企业海外并购的成败问题研究[J]. 南开经济研究，2011（5）.

[43] 阎建东. 邓宁国际生产折衷理论述评[J]. 南开经济研究，1994（1）.

[44] 杨增雄，唐嘉庚. 国际生产折衷理论的发展及对我国对外直接投资的启示[J]. 国际商务. 对外经济贸易大学学报，2004（3）.

[45] 殷华方，鲁明泓. 文化距离和国际直接投资流向：S型曲线假说[J]. 南方经济，2011（1）.

[46] 张林. 海外企业跨文化冲突管理[J]. 施工企业管理，2018（9）.

[47] 张少敏. 从跨文化管理视角浅议国际人力资源管理——从中国石油海外项目人力资源管理实践引发的思考[J]. 现代商业，2015（14）.

[48] 赵曙明，张捷. 中国企业跨国并购中的文化差异整合策略研究[J]. 南京大学学报（哲学·人文科学·社会科学版），2005（5）.

[49] 曾小龙，吴昌南. 邓宁的OLI理论扩展及其对我国的启示[J]. 科学经济社会，2008（3）.

[50] 周燕华，崔新健. 员工社会网络对外派适应的影响及文化距离的调节效应——基于中国跨国公司外派人员的实证研究[J]. 河北经贸大学学报，2012（5）.

[51] 李习平. 邓宁国际生产折衷理论思想及拓展研究[J]. 全国商情（理论研究），2013（3）.

[52] 吴金希. 从"带土移植"到创建创新生态体系——基于同方威视的探索式案例研究[J]. 中国软科学，2015（4）.

[53] 阎建东. 邓宁国际生产折衷理论述评[J]. 南开经济研究，1994（1）.

[54] 姚建敏. 邓宁国际生产折衷理论的最新发展及对我国的启示[J]. 河北科技大学学报（社会科学版），2007（3）.

[55] 尹明明，陈梦笪. 法国主流媒体"一带一路"报道研究——以《费加罗报》和《世界报》为例[J]. 国际传播，2017（6）.

[56] 曾小龙，吴昌南. 邓宁的OLI理论扩展及其对我国的启示[J]. 科学经济社会，2008（3）.

[57] 朱琼莉，邹萍. 加拿大主流媒体视野中的"一带一路"倡议解读——对《环球邮报》相关报道的内容分析[J]. 上海对外经贸大学学报，2018（3）.

[58] 黄中文. 跨国并购的宏微观经济研究[D]. 经济贸易大学，2001.

二、英文文献

[1] Adler, N. J. and Gunderson, A. International Dimensions of Organizational behavior [M], 5, Mason, OH: Thomson-South-Western, 2008.

[2] Cox T, Cultural Diversity in Organizations: Theory, Research and Practice [M]. CA: Berrett-Koehler Publ, Oakland, 1994.

[3] Earley P, Gibson C. Multinational Work Teams: A New Perspective [M]. L. Erlbaum Associates, 2002.

[4] Gudykunst, William B., Stella Ting-Toomey, and Elizabeth Chua. Culture and interpersonal communication [M]. Newbury Park, CA: Sage, 1988.

[5] Ghemawat Pankaj. Redefining Global Strategy [M]. McGraw-Hill Professional, May/Jun(2007).

[6] Hofstede G. Culture's Consequences: International Differences in Work-Related Values [M], SAGE Publications: Beverly Hills, CA, 1980.

[7] Hofstede, G. Cultures and Organizations: Software of the Mind [M], McGraw-Hill: London, 1991.

[8] Hofstede, G. Culture's Consequences: Comparing Values, Behaviors, Institutions, and Organizations Across Nations [M], 2nd edn, Sage: Thousand Oaks, CA. 2001.

[9] Hofstede G, Hofstede GJ, Minkov M. Cultures and Organizations: Software of the Mind (3rd edn)[M], McGrawHill: New York, 2010.

[10] House, R.J., Hanges, P.J., Javidan, M., Dorfman, P.W. and Gupta, V. Culture, Leadership, and Organizations: the GLOBE Study of 62 Societies [M], Thousand Oaks, CA: Sage Publications, 2004.

[11] Hymer, S. The International Operations of National Firms: A Study of Direct Foreign Investment [M]. MIT Press, Cambridge, Massachusetts, 1960.

[12] Inglehart, R. Modernization and Postmodernization: Cultural, Economic and Political Change in 43 Societies [M], Princeton University Press, Princeton, NJ, 1997.

[13] Peter J. Buckley, Mark C. Cason. The Future of Multinational Enterprises [M], Macmillan, London.1976.

[14] Yin, R. K. (2009). Case Study Research: Design and Methods (4th ed.)[M]. Thousand Oaks, CA: Sage Publications.

[15] Adler N J, Aycan Z. Cross-Cultural Interaction: What We Know and What We Need to Know [J]. Annual Review of Organizational Psychology and Organizational Behavior, 2018, 5(1).

[16] Barkema H G, Vermeulen F. What Differences in the Cultural Backgrounds of Partners Are Detrimental for International Joint Ventures?[J]. Journal of International Business Studies, 1997, 28(4).

[17] Brouthers K D. Institutional, Cultural and Transaction Cost Influences on Entry Mode Choice and Performance [J]. Journal of International Business Studies, 2002, 44(1).

[18] Brewer P A. Operationalizing Psychic Distance: A Revised Approach [J]. Journal of International Marketing, 2007, 15(1).

[19] Cartwright S, Cooper C L. The Impact of Mergers and Acquisitions on People at Work: Existing Research and Issues [J]. British Journal of Management, 2010, 1(2).

[20] Dunning, John H. The Eclectic Paradigm of International Production: A Restatement and Some Possible Extensions [J]. Journal of International Business Studies, 1988, 19(1).

[21] Dunning, John H. The Eclectic (OLI) Paradigm of International Production: Past, Present and Future [J]. International Journal of the Economics of Business, 2001, 8(2).

[22] Dow D, Larimo J. Challenging the Conceptualization and Measurement of Distance and International Experience in Entry Mode Choice Research [J]. Journal of International Marketing, 2009, 17(2).

[23] Earley P C, Mosakowski E. Creating Hybrid Team Cultures: An Empirical Test of Transnational Team Functioning [J]. The Academy of Management Journal, 2000, 43(1).

[24] Eden L, Dai L. Rethinking the O in Dunning's OLI/eclectic paradigm [J]. Multinational Business Review, 2010.

[25] Ghemawat P. Distance still matters. The Hard Reality of Global Expansion [J]. Harvard Business Review, 2001, 79(8).

[26] Ghemawat P. Semiglobalization and International Business Strategy [J]. Journal of International Business Studies, 2003, 34(2).

[27] Ghemawat P. Managing differences: the Central Challenge of Global Strategy [J]. Harvard Business Review, 2007, 85(3).

[28] Ghoshal S. Global Strategy: An Organizing Framework [J]. Strategic Management Journal, 1987, 8(5).

[29] Hutzschenreuter T, Kleindienst I, Lange S. The Concept of Distance in International Business Research: A Review and Research Agenda [J]. International Journal of Management Reviews, 2016(2).

[30] Inglehart R, Welzel C. Exploring the Unknown: Predicting the Responses of Publics not yet Surveyed [J]. International Review of Sociology, 2005, 15(1).

[31] Mccombs M E, Shaw D L. The Agenda-Setting Function of Mass Media [J]. Public Opinion Quarterly, 1972, 36(2).

[32] Morosini P, Shane S, Singh H. National Cultural Distance and Cross-Border Acquisition Performance [J]. Journal of International Business Studies, 1998, 29(1).

[33] Naumann E, Jackson W D W, Jr. Examining the Relationship between Work Attitudes and Propensity to Leave among Expatriate Salespeople [J]. The Journal of Personal Selling and Sales Management, 2000, 20(4).

[34] Popli M, Kumar V. Jumping from Springboard? The Role of Marginal Cultural Distance in Cross-Border M&A Deal Completion [J]. Thunderbird International Business Review, 2016, 58(6).

[35] Rugman A M. Internalization as a General Theory of Foreign Direct Investment: A Re-Appraisal of the Literature [J]. Weltwirtschaftliches Archiv, 1980, 116(2).

[36] Shenkar, Oded. Cultural Distance Revisited: Towards a More Rigorous Conceptualization and Measurement of Cultural Differences [J]. Journal of International Business Studies, 2001, 32(3).

[37] Weber Y, Shenkar O, Raveh A. National and Corporate Cultural Fit in Mergers/Acquisitions: An Exploratory Study [J]. Management Science, 1996, 42(8).